文學叢刊之八十八

愛的旅程

曾淑貞 著

文史哲出版社 印行

國家圖書館出版品預行編目資料

愛的旅程 / 曾淑貞著. -- 初版. -- 臺北市：文史哲, 民 88
面； 公分. -- (文學叢刊；88)
ISBN 957-549-196-3 (平裝)

857.7　　　　88003147

文學叢刊 ⑧⑧

愛的旅程

著　者：曾　淑　貞
郵政劃撥帳號：10507827 曾淑貞
電話 886-2-23642947
出版者：文史哲出版社
登記證字號：行政院新聞局版臺業字五三三七號
發行人：彭　正　雄
發行所：文史哲出版社
印刷者：文史哲出版社
臺北市羅斯福路一段七十二巷四號
郵政劃撥帳號：一六一八〇一七五
電話 886-2-23511028・傳眞 886-2-23965656

實價新臺幣二〇〇元

中華民國八十八年三月初版

ISBN 957-549-196-3

獻給
曾經受傷的母親
和Y世代的青少年朋友

序

張放

近幾年來，曾淑貞的長篇小說，頗受台灣文壇矚目。她的小說語言熟悉，文字優美，結構嚴謹。最可喜的則是她把歷史與現實拉在一起，層次清晰清楚，讓讀者產生濃厚的興趣。

從事小說創作，最重要的是生活體驗豐富。曾淑貞對於台灣農村生活比較熟悉，她寫的民俗、飲食、諺語，都給讀者一種親切感。她從事中小學教師多年，這篇長篇小說《愛的旅程》就是以學校作背景，因此讀者從她的小說，可以具體地瞭解台灣的教育生活面貌。

從事文學創作，特別是小說創作，作者要寫你最熟悉的事物。曾淑貞對於生活體驗，非常細緻、認眞，這是她在小說創作上成功的關鍵。她的筆觸清新可喜，有些地方別具鄉土風味，讓讀者愛不釋手。

她奶奶十六歲那年，高等中學剛開學不久的一個上學的日子，她的阿爸幫她修好喜歡「落鍊」的腳踏車，她很滿意的經河畔騎往客運車站，見一個接一個被反綁跪地的人。接著就是一串的槍聲，和染色的淡水河。

作者所寫的這段史實，任何人也會聯想起一九四七年的「二二八事件」。她是以素描、速寫的方式，寫過這段讓「親者痛、仇者快」的悲劇。這是作者的美學觀點，也是她處理寫作材料的長處。

作者的聯想力非常豐富，這是她寫作進步的原動力。

有一種不會飛的螢火蟲，一生聚集、生長在永不見光，好長好長冰冷的湖中隧道的岩壁上。成為成蟲後，每隻一小點的螢光，像滿天星星一樣，貼在岩壁上。雖然雌蟲只活四十八小時，雄蟲只活三十六小時，然而它們在暗無天日下，盡心盡力的在這生命內，完成它唯一傳宗接代的工作。

曾淑貞是一位質樸勤勞的女作家，她像孔子的門徒顏淵一樣，住在繁華的台北陋巷，教書、寫作，過著與人無爭的恬靜生活。她揚棄文學商品化的風尚，堅持走文學的康莊大道。我們深信台灣文學的前景燦爛輝煌！

一九九九年三月五日　新店溪畔

一、

人人感嘆，林文豪好不容易讀完高中，畢業後第二年，林媽媽秋雁死了！

愛的旅程 2

二、

一戶溫馨雅致的客廳裡，文豪在沙發上看電視機的選情報導，文苑坐在旁邊，一邊看著窗外，一邊哭著，淚流滿面吱吱ㄨㄨ的說著：

「每次寫字寫那麼大，還說看不懂，毛筆字寫得很清楚還說筆畫不對。下雨，媽媽眼睛不好又開車，那麼晚了還沒到家！……。」

綠島國小一樓，處處燈光明亮。一〇八教室走廊、操場到處有警察人員巡視。教室的窗外、教室的後半部，圍滿人群。工作人員聚精會神的，有的從票櫃撿起縣長的選票，有的在記票，有的忙得不可開交。文豪，文苑在國中教書的媽媽，也在裡面工作。

圍觀的選民，似乎只聽到她們清脆悅耳標準的唱票聲音：

「林……一票，林……一票，林……一票，林……一票，林……一票，李……一票……。」

住在林家隔壁，同學都說是張爺爺，頭頂頭髮快掉光的張爺爺，端著一盤泡菜，來按門鈴。他指著正在哭的姊姊：

「張爺爺，雨下得好大，我姊姊擔心媽媽會迷路！」

「弟弟四年級都沒哭，妳五年級還哭！你媽媽快回來了，來張爺爺泡麵給你們吃！」

開完票回途中，林媽媽想：那年中秋未過就離開人世的他，沒有兩個可愛的孩子陪伴。而她自己像獨自歸巢的鳥，還算有些安慰。風大雨大中，她小心的開著車子。

一家三口用過餐，林媽媽幫兩個孩子檢查功課。

「文豪，來，媽媽和你談談。」

「你的簿本怎麼沒有給老師改？」

「老師說我和同學合不來，其實是阿基拿我的筆，阿基說我偷換他的筆！老師相信他，不相信我的筆是剛買的，說舊的才是我的。老師討厭我，把我的作業另外放、或是放在最下面……，又叫我做大家忘記做的事。」

「多為班上做一些事有什麼不好呢，要多做有意義的事呀！？」

「媽媽，那是大家不願意做的事，才由最笨的人去做！」

「不是的！媽媽應該去了解一些你在校的情形是嗎？」

「妳要去就去呀！」

一個多星期以來，林媽媽還是和往常一般，利用孩子自修、睡覺的時間充電。有時安排和孩子出外聚餐，看看使自己更充實的書，讀英文，或是打電話和朋友聯絡感情。

林媽媽再去找老師那天，小朋友剛剛打掃完畢進入教室，老師正在黑板上出回家功課。林媽媽把一個一個小朋友看了好幾遍，除了他兒子以外，每個小朋友可愛的臉形都在林媽媽的眼睛裡。她覺得奇怪，忍不住走進前門：

「老師您好，請問林文豪呢？」

「小朋友，文豪呢？他上一節有沒有進來上課？」

「老師，妳不是說他聰明不讀書，要他去上資源班！」

「上資源班也應該回來了呀！」

仁傑大聲叫：

「林媽媽，我看他提一袋垃圾往垃圾場跑。」

於是她就在操場邊一棵很老的鳳凰樹下等他放學。

……。

過幾天，林媽媽經過校警的允許，進入走廊等文豪，這節他又面向著操場上課。

上美勞課他畫的題目是〈溫暖的家〉周圍是深色的景物。老師巡視行間：

「你亂七八糟，黑漆漆、烏煙瘴氣的畫些什麼？」

他用眼神問他們：

「你們知道，我畫些什麼嗎？我畫的是停電的家！」全班嘩然。

沒有人知道他心理在想些什麼！下課鐘聲一響，等不及老師說下課，他已經和班上也貪玩，面也向外上課的仁傑，第一個衝出教室，在各種遊戲的人群中，每一種器材去玩一下，碰幾下，滿頭大汗，全身髒兮兮的，最後一個走進教室。

晚上他很早睡，林媽媽走進書房，想了想就拿出信紙寫信。

牆面的鏡子最了解林媽媽了，她一坐上書桌前，鏡子就會幫她表現她的心情。林媽媽出去時，他偷偷的爬起來看：

文豪，不要因爲芝麻小事和阿基爭吵鬧脾氣，鬧脾氣只有傷害到自己，又破壞同學的感情。能和同學同一間教室上課是很難得到的福氣，若你放開心來，會覺得同學很可愛，同學也願意和你做朋友。也許你認錯媽媽幫你買的新筆也不一定，阿基的筆雖然先買幾天，也不一定是比較舊的，你新買的筆，也不一定筆心不會縮進去，有時候不小心就會買到壞的東西的。

希望今天放學，能請到阿基來家裡，媽媽中午回來一趟和阿基談談好嗎？

林媽媽想著早上他答應的事，高興的趕著到家。一上樓就見阿基站在頂樓的盆栽前。

她先請他坐下來敘述事情的經過。

文豪也敘述爭吵的原因，兩個照樣互不相讓，一個說：。

「他偷換我的筆心。」

一個說：

「他偷偷把我的筆弄壞。」

林媽媽拿著兩枝筆，怎麼也分辨不出來到底筆是誰的，她說：

「這樣好了，長的筆心換到縮進去的筆裡頭，筆給文豪，林媽媽給二十五元阿基買新筆。」

他們沒意見，不知該說什麼！

「或是等你們想到筆應該是歸誰時，再告訴我。」

他們還是不說話。

「或是你們決定要如何處理好不好？」

只互相對看著。林媽媽把錢交給阿基，自己腳步輕鬆的先走下木梯，來到廚房後面海隄上，觀望海景。

五分鐘不到，阿基和他下樓來，一人拿著一枝自動筆，阿基眼眶紅紅的：

「林媽媽，錢還你，我們的筆都還可以用！」

「眞乖！別再吵架喲！」

三、

這個秋天，她覺得特別蕭瑟，風的手，狠狠的把她手上的風箏拿走。海邊的風搶著和林媽媽說話。身邊的每一件事，特別使她憶及孩子爸爸。

好不容易，過了風兒躲進屋子，陪他們過年的日子。當地沒有高中可以就讀，林媽媽的同學秋婈，想介紹一位在高中教書的辛老師給她，她決定幫二個孩子辦轉學，搬到台北。

下班後，她慢條斯理的往綠島國小進去。恰巧文豪的級任導師不在，班長跑出來：「林媽媽，妳要找老師是嗎？老師待會就來。」

「沒關係，我等一下。」

她從窗戶往座位看到，小朋友都很快樂的用瓦楞紙在做平面設計。大部分小朋友都創作完成，正在貼標籤。坐第一排的小朋友題目有：

〈小河邊〉、

〈金魚音樂會〉、
〈蝸牛過彩虹橋〉、
〈我坐上熱氣球〉、
〈世界競技啦啦隊大賽〉、
〈快樂的下午〉……等等。

她走到女兒文苑教室的走廊，小朋友在做中國結聖誕樹，漂亮極了，綠綠的一棵，銀銀的一棵，每棵都貼上聖誕老人和幾顆小金星。有幾組在製作藝術蠟燭；完成的蠟燭模型，琳瑯滿目。

調頭回來時，文豪趴在桌上睡覺。

老師進門來，她很禮貌的走進教室，說明來意。

同學把文豪叫起來。

老師請班長協助，其他同學繼續上國語課。黑板上一題舉個例子的練習：

例：「媽媽說話像收音機一樣。」爲什麼呢？是不是要舉個例子，人家才能明白？請小朋友替下面的句子，舉個例子，說明一下吧！

媽媽說話像錄音機一樣。一早晨起來時，外面正下著大雨，媽媽說：「今天要帶雨傘！」說了三遍。吃早飯的時候，又說三遍。如果你不吭聲，出門的時候，她會再說三遍。

「沙灘上有很多貝殼」，有多少，怎麼知道呢？說說看。筱雲說：

「沙灘上有很多很多的貝殼，比天上的星星多，數也數不清，叫名字也叫不出來。就算數了一百年，撿了一萬年，貝殼還是比天上的星星多。」

「學校的操場好大」有多大呢？走走看。

林文豪你來敘述這題。

「我們的操場你說有多大就有多大！它可以容納得下天空中滿天的星星，全校四百多名快快樂樂的小朋友和五十多位負責認眞的老師。我們可以在上面運動、賽跑，還可以跳變化美麗隊形的舞蹈。」

「想像力眞豐富！」

「老師，他是顧教室的，根本沒跳舞，還說可以在操場上變化隊形！」

短髮、活潑、明眸皓齒，皮膚黑細得可愛，微笑中帶健康美的班長，以及他口中，常常自動教三十號數學，深具愛心，性情憨厚的副班長辦事回來。

老師隨即交給林媽媽一袋辦好的文件。

四、

搬到臺北，熟悉了半年，升上五年級就放心多了。

聽社區後面巷子的鄰居小朋友，郭子德說：他們四年級的林老師退休了，五年級要重新分班，將換一位新的老師，而且他每天還可以和文豪一起上下學。放學時，郭子德父母親忙著擺黃昏市場水果攤，很晚才能到家，他還可以到文豪家做功課。

林媽媽把二個孩子洗得乾乾淨淨的衣服，燙得挺挺的。她希望他們穿著整齊的衣服，走進新教室；新同學、新老師、尤其是他們自己帶給自己無限的希望與快樂。

五年級開學第一天，來自各班，大部份屬羊的小朋友，開始如四年級一樣，自我介紹，不介紹的全班就會你一句我一句幫忙介紹。

「來自風景美麗的南投，頭髮長得細又多，個子小小的，就是我阿德。」

「我家住在彰化，媽媽要我長得比別人壯，桂圓加冰糖加泉水，每晚煮好放涼，夏天冰一大壺，冬天熱一大壺。同學說：桂圓茶，從吃早餐配到早茶時間完畢，還沒配完。體重五十公斤，身高一百四十五公分，愛運動很適合高空彈跳的，就是我董彥龍。」

「每次排隊領兒童節禮物，老師說：『高的排前面。』我說：矮的排前面。體育課，運動場沒有綠草、樹蔭，總是跑到大樹下的就是我李文逢。」

「我來自北台灣，皮膚白皙紅潤，可以阻擋寒冷的天氣，像歐洲混血兒。聽說紐西蘭就有二百一十五千萬隻這品種混血羊。牠生性溫和，眼睛特別大，很受農夫的喜愛，就是我廖欣玫。」

「來自北台中的明星，所不同的是我不會唱歌、跳舞，但是，我的頭髮長得特別快，別人家剪一次羊毛，我得剪兩次羊毛，就是愛剪短髮的我陳小芬。」

「來自綠島，濃眉大眼，跑起來比牧羊犬還快。有著類似羊毛的一頭卷髮，做成毛毯，主人、客人都喜歡，就是我林文豪。」

「……。」

幾天來，班會決定的事，開始確實的實行。一天四個值日生，工作是負責廁所的整潔。

班長太忙不必輪，風記股長太辛苦不必輪，阿德的左手殘障不必輪。所以每人每九天必須打掃一次廁所，希望大家負起責任。

今晨阿德來約文豪，他不好意思讓他等。

慢了一點去上學。還是和平常一樣，處處是高大、低矮的樹木。它們換上新裝，朝氣蓬勃，搖曳生姿；花園裡千嬌百媚的花朵散發著清香。小鳥往山谷買了新歌譜，吱吱喳喳的唱著。田徑隊、球隊勤練著。

班上大部份的同學已經打掃完畢，進入教室。風記股長站在講臺上報告：

「把寫詩的簿本拿出來。」

打掃好廁所的十六、十七號男生和三十五、三十六號女生，回教室途中，往遠遠的操場看，看到級任導師正走出辦公室，往教室方向來。

班上鴉雀無聲的在抄國語日報，本週排行榜的詩：

我有一個願望

我有一個願望，
我把它藏在幸福星瓶中，
當星星成千的飛上天時，
可使這個願望成真。

我有一個願望，
它就在小鳥身上，
當小鳥擠滿整個的屋頂時，
這個願望即將實現。

我有一個願望，
我讓它隨著我的一塊錢，
沉入許願池裡，
只要時機成熟，

這個願望一定會實現。

這首詩賞析：

這首詩的開頭很美，對未來充滿期待，就像生日許願一樣，讓人渴望夢想的實現。第一段「當星星成千飛上天時」，這句寫得很好，充滿想像，彷彿童話中的小精靈，帶領我們飛奔而去。

第二段「當小鳥擠滿整個屋頂時」，這句話不夠美，「擠滿」似乎亂糟糟一片，可改成「當小鳥快樂唱出美麗的歌聲」和第一段相互呼應。

結尾從想像回到現實，也告訴我們「時機成熟」就是努力，願望一定能實現。

窗外飄來一陣淡淡的清香，老師隨之站在講臺前。她看了看打開的窗子，環顧四周，指著自己的嘴，暗示同學們向她問早。他們欣喜的：

「老師，早！」

她點點頭道：

「今天打掃得眞乾淨！」

打掃廁所回來的小朋友竊竊私語：

「眞倒楣和阿德同一班！」

老師微笑著說：

「和阿德同一班有什麼不好？因爲他的手，還是因爲他瘦小？」

幾個女生笑著說：

「不是啦，他很麻煩！」

「ㄟ，每一個都是老師的寶貝學生，每一人都要受到尊重的，不是嗎？」

老師看一下每個同學的坐位，阿德的書包在椅子上，人卻不在？

「阿德呢？」

全班不語，抄起詩來。

她直覺的走往廁所，在門口遇上彥龍正在洗拖把。她把廁所的門一間一間的打開，又再關上。只有倒數第二間正使用中。

她很滿意的回教室時，同學們訂正好的詩正朗朗上口。她示意要他們停止朗誦。

「班長，以後就像今天這樣，我負責督導辦公室、教務處、器材室的打掃工作，妳負責看教室和隔壁廁所的打掃工作，但要集體行動！」

欣玫用很好聽的聲音說：

「我知道。」

「各位同學，子德呢？」

沒有人回應！

老師回到廁所發現那間廁所的門開了，阿德正用一隻手在掃很髒的廁所。老師幫忙掃完廁所，水槽前的鏡子告訴她：妳的眉宇之間多了一條紋路。

她回到教室：

「班長，阿德怎麼當起值日生？值日生要男女生集體行動的呀？」

「文豪來晚了又忘記當值日生，彥龍要他代替打掃。」

「老師，不是這樣，他們都沒去掃！」

「班長，阿德，文豪一起到教師休息室來。」

「阿德，你的手是怎麼受傷的？」

阿德滿面欣慰道：

「我回教室拿我寫的年表給老師看，您就明白是爲什麼。」

「不急，你的年表寫到哪裡了？」

「我寫四件事了。」

班長：

「我寫到今年了。」

「我也是。」

文豪：

「我也要開始寫。」

「是啊！寫年表不是名人的的專利，平凡人的生命也是有意義的，以前沒有寫，現在和媽媽一起回憶起出生第一天的事，怎麼樣長大的事，感覺好溫馨是嗎？希望你們趕快寫到現在的年表，才能對已往多情，對現實有情。」

阿德跑回來，拿來他的年表：

一九七九己未年，一歲。我比預產期早一個星期出生。一個星期一的半夜裡，媽媽的肚子好痛，痛得都掉下眼淚，還生不下我來。醫生救母子的生命要緊，用力幫忙我生出來。他不小心拉到我的神經，我沒有哭，護士阿姨拍我屁股，我才哇哇大哭起來。過了兩天，很多嬰兒乖乖在睡覺時，我卻拼命的哭，我眞的那麼麻煩人家嗎？眞傷腦筋。

「老師，幾次的週休日，加上中秋節有兩天假日，回來我就能交寫到十一歲的年表給妳看。」

「阿德乖！」

「我們也要寫給妳看。」

「妳們都很懂事。」

他們齊聲說出，貼在教師休息室，牆上的標語：

「時間很寶貴，不能無所謂！」

原來從一年級到現在，阿德從來沒有哪裡表現異於常人，同學都用冷冷的眼光看他，又用不平等的態度對待他。上分組活動、上音樂、上自然……，都不願意和他同一組。到原住民博物館校外教學，彥龍他們在抄：

一九四五（昭和二〇年）第二次世界大戰結束。

一九四〇(昭和十五年)總督府鼓勵臺灣原住民從日本姓名。

阿德一加入他們的行列，他們就跑開。彥龍拉住阿德很小的左手說：

「走開，排到後面去，在學校每天和你坐，校外教學還一直纏在身邊，礙手礙腳。」

阿德只好一直跟著老師去聽：撒古流先生的文化講座：講部落教室天、地、人、神靈共通的基礎概念篇。

「那我和阿德坐好了。」

「文豪，你有愛心，乖！」

「班長，妳們以後要多關心一下班上弱小的同學，師生之間，同學之間，如同一家人，相互關照。另外，文豪，你打掃工作要負責任。還有，阿德：師生之間如同父子，母子一樣，沒有什麼祕密，有事要告訴老師。」

他不語，老師的手環繞在他的肩膀上：

「阿德，沒關係，你還有右手。要面對現實，和自己的敵人—缺陷—奮鬥。要別人尊重你，就要先尊重自己。」

他們都明白，除了父母、老師之外，還有所有的人都要互相關心著，這些關心就是鼓勵。

在一個偶然的機會，老師在生倫課時，介紹一齣電視劇，文豪看到，人只要有「心」過日子，才算生活。

一位原住民長者，他雙手殘障，身體無法坐起。但他深愛自己，更愛他民族的文化。他像經營他父親留下的產業一樣，一步一步，小心的走，一天一天，兢兢業業的過。看演出的情節就明白：他深怕從他手中換掉三百六十五分之一的日光、月光，而失去了什麼一樣。

他整天躺著，除了需要的睡眠之外的時間，都用腳趾夾住竹子，敲擊電腦鍵盤來作曲、作詞；沒有作詞曲時，滿腦部裝的是他們自己的文化，或文化的內容該如何表達，才更能貢獻給社會。

隔天，上學的路上文豪和阿德談這齣戲的觀感，阿德體會得比他還深，他說：「假如—缺陷—是一條悲傷的路，除非自己不愛自己，不然這一條路永遠好難走。那何不選擇一條堅強的、勇敢的、坦蕩蕩的路來走？」

以後的日子，當然打掃難不倒他，抬營養午餐難不倒他。老師說的：
『做人品德最重要。』更難不倒他。
上課時，阿德專心的聽課，老師喋喋不休，他用心的寫老師口中的：
「諺語說：零碎的時間可織彩衣。」
放學他和文豪一起研究功課，他們的成績也一天一天的進步。
文豪喜愛讀故事書，林媽媽要他請老師開好書的書單給他。
第二天，老師借他一本──《少年讀物好書指南》。
「這些書太好了，你自己抄幾本下來，有空請爸爸帶你去買。」
他在抄，坐一起的阿德也抄好多本書名。
他沒有請林媽媽陪他去買，向阿德借來看。
幾天來阿德利用零碎的下課時間讀故事書，或到操場用一隻手和同學打球，鍛鍊身體。
第三節還沒有上課，文逢和欣玫班長喘噓噓的衝上樓梯：
「老師，阿德被推倒。」

「欣玫，他有沒有受傷，人呢？」

「好像右手很痛，在健康中心。」

老師急步往健康中心。

愛的旅程 26

五、

雙十節快來了。

出回家功課的時候，可能是頂樓的的關係，「九降風」把教室的窗戶弄得框框……框框……的響。彥龍突然大叫：

「阿德偷我的錢。」

「你怎麼知道是他偷？」

「他剛才到合作社。」

「班長，他是去幫文豪買東西。」

「你丟了多少錢，放在哪裡？」

「十元，放在鉛筆盒。」

「書包、口袋、其他地方找找看。」

「班長，不是這樣，而是阿龍威脅阿德每天給他十元，不給就要請讀國中的哥哥堵上學的路。」

「你怎麼知道？」

「上學時阿德告訴我的，還說他哥哥常常曠課，跑到電動玩具店。」

「我沒有。」

欣玫：「安靜！老師快回來了！老師說：『不可以有暴力對同學喲！每個學生都像我的孩子，不容許被欺侮。』」

「還叫他一人提菜湯，阿德差一點在樓梯摔倒！」

「阿德不必抬午餐呀，跌倒會燙傷……。」

欣玫嬌滴滴的說：

「暴力、金錢來往……，自己的錢都保管不好，活該，誰理你！」

小芬理所當然的說：

「怪怪，阿德右手還包裹石膏，而且沒有離開坐位。」

全班笑了起來，文豪的反應較強烈，衝到黑板前，畫了一個三角形中央一個驚嘆號的交通標誌，欣玫突然驚叫一聲說：

「他今天忘了吃藥！」文豪再畫一個長方形，中央寫醫院的交通標誌，她又說：

「彥龍要去看醫生！」

老師從後門進來：

「彥龍，現在先幫老師搬作文簿到教師休息室。」

「班長，妳準備放學，派一位同學幫彥龍整理書包，全班在走廊排路隊等老師。」

六、

中秋後，上學的時間過了，阿德沒有去找文豪，他只好自己先上學。

欣玫從遠遠的教室走廊見到小芬、風記股長，各拿著包著報紙的長條抹布。導師又在幫他們用小繩子繫住報紙。

辦公室的玻璃很髒，他們擦得好久，還沒有回教室。

突然，阿德的姑姑跑到教室來找班長：

「班長，阿德永遠不會來上學了！他們一家人，今晨二、三點鐘時，北上的高速公路上發生車禍！哥哥有生命危險，姊姊在加護病房。」

一群同學圍住阿德的姑姑，半信半疑。姑姑剛走，老師回來了，她的眼睛紅紅了。同學走近她身邊：

「老師，阿德和父母親好像車禍死了！」

老師點點頭，原來她已經在辦公室得知消息了。

他們看到老師的眼淚一滴一滴的落到她的書桌上，她低頭拿起她椅背的抹布，偏偏淚珠不理他，而且滴落下來。他們幾個走回坐位，眼鏡模糊了，全班喉頭哽住。

幾天來班上調皮的同學收斂了，大家的笑容不見了。還好，全班都寫日記，把悲傷的心情都寫下了。老師想著：日記是師生、親師溝通的橋樑，解除壓力的通道，就讓日記陪他們成長吧！

今天敬愛的導師，平日愛看漂亮東西的老師，還是穿著一套黑黑素素的衣裙。第一節下課時她說：

「今天阿德和他父母親三人舉行公祭，願意陪老師前往燒香的請舉手。」

全班都舉手了，但是老師沒有選定文豪。他很失望，直告訴他們「他想參加」，也許是他的服裝不是最整潔，儀容不是最端莊……。又覺得應該不是如此，老師說：

『全班都是俊材美女……。』

應該是他每天不負責做自己該做的事，例如：帶回家的練習卷都忘記帶來，第一天要考的英文句子：「人類有說話的能力。」沒背來；第二天還是沒背來。……讓老師重印給他，使她太煩心！

燒香回來的欣玫、小芬、文逢、彥龍告訴文豪，老師唸祭文給阿德時，人群莫不哀慟、痛哭失聲。

原來不管多大、多小、多老、多年輕……的生命都是很珍貴的。

以前，老師希望我們寫日記，但是不願意寫的也無所謂。現在我們全班寫得很勤，把一些問題、苦惱、要求、祕密、心情的起伏……，用日記透露給老師。她應我們的要求把祭文印給我們，內容是這樣的：

祭仁德文

一九八九年十月十五日，新生國小校長領著五年九班級任等四名老師，和四位小朋友，以一片不捨之心情，帶一篇祭文，前往品學兼優學生阿德靈前。

唉！阿德，生前你是每個老師心中的乖孩子，死後必化為神靈。人同萬種生物一樣，只是肉體有生有死。

老師上舞蹈課時，你不方便做動作，卻隨侍在我左右，爲我當跑腿。或用右手幫忙我準備麥克風，拿彩球……。打掃時你不方便用左手，你用一隻右手掃地，用大腿和左手臂推畚箕去裝進垃圾。

你被記錄在小朋友心中的模樣，如同滿天星光一樣燦爛。

阿德，好多天沒看到你了！看到我桌墊下，你交給我的新體詩，「新生校園頌」，彷彿又見到你有創作、欣賞的天份。你寫：

教室是，貼滿創意的圖畫，

教學是，充滿變化的內容。

我想你雖然被火化了，你不會化爲灰燼，而會化爲我輩作爲人師、經師，「應該愛學生潛能的玉石」。

話雖然如此，唉！阿德，在我不算短的教學生涯中，你是比我早走的唯一學生，心裡覺得悲涼悽愴。我哭了，我在辦公室哭泣，我在教師休息室，改到一本又一本的日記，我哭了。小朋友問我：

「老師，阿德的事是眞的嗎？」

我又一本又一本，偷偷的哭過去！我實在很慚愧，我無法如古人多多寫作，現代柯媽媽一樣，「化愛爲神奇的力量」，貢獻給社會。

阿德，今晨兩點多鐘，你入夢來，我微笑向你招手，你不見了。我不能像往常一樣和你對話，你不能交年表、聯絡簿……給我改；我不能摸到你的頭，我只好起來寫這篇祭文來祭拜你。

阿德，請你來領取享用。

己巳年十月

我們班看到這篇祭文都哭了。

過去的已經過去，未來的不知能不能實現，老師說：

「若要不遺失自己，只有把握現在。」

七、

以前文豪和媽媽之間像風箏和長線一樣，最近文豪不擔心風箏迷路了、墜地了，他把風箏的線切斷。放學回家，不管林媽媽煩不煩惱，他都很少在家按時接電話。

林媽媽又提早下班去坐公車，走過植物園，風吹皺一池秋水，又捲起她的頭髮，在她的耳際飛散，在她的眼前飛舞。她感覺今年的秋天，特別快來；蕭瑟的秋意，也比往年濃郁。中秋月餅應該剛下市，池中的荷花卻已落去，只剩幾朵落在水中的花瓣和大大小小、黃黃綠綠的荷葉，佈置在湖中央，或彎彎的湖周圍等待「秋月」的來訪。

月亮關掉了月光，回憶起中秋節好像沒有過就過去了。

文豪沒有阿德的日子，過得亂七八糟。銀幕上的高速公路大賽車，把他的頭急得昏頭轉向的。放學回家，在巷子口徘徊，連天上的雲，走起路來都和他一樣，顛三倒四的。

好一個快放春假的週四，小寶先放學，林媽媽忙完國中學生的事，直打電話回家，一直沒有人接。

下班經過汀州路，發現他的腳踏車停在電動玩具店門口，她走進去，一個頭一個頭的認，一件衣服一件衣服的看，每一件制服都是一樣的。他只好問老闆：

「請問老闆您認識我的兒子嗎？」

他點點頭。

「地下室還有小孩子嗎！」老闆看了她一眼，點頭到：

「妳看樓梯轉角的電視銀幕，有妳的孩子就下去找，沒有的話，就沒來我這裡，不必下樓去。」

「這一帶還有電動玩具店嗎？」

「汀州路有好幾家啊！」

她在銀幕前停了很久，才往樓梯下去，悄悄的走到文豪身邊，搖一下他的肩頭：

「怎麼放學沒有回家吃午飯、做功課？」

他很不好意思的樣子，乖乖跟林媽媽回家洗澡、做功課。

忙完家事，她發現皮包裡的千元大鈔又少了一張。開導一番後，她還是把學電腦學費的二千元交給他：

「文豪，要交給老師，不要再弄丟！」

「知道！」

八、

春假後，林媽媽選得辛爸爸住進家裡，帶他們到萬華、百貨公司……買新衣，到傳統市場買愛吃的香腸，陪他們過週六、日。

愛玩是天性，文豪當然也不例外。雖然是高年級，還常常會忘記自己，此刻此時該不該玩！

自從搬離林爸爸住過的家到現在，他們不停的將時間送給了冬、秋、夏季，現在是山谷、溪澗邊的春草正翠綠的時候。

林媽媽認爲：做人品行最重要。學科只要上課專心，利用時間復習，盡力就夠了。凡事要循序漸進的、學會分辨是非、自己有自己的理想，不要讓她操心。而林媽媽的心情，卻像湖邊的柳葉一樣沉默默的。

開學不久，親師懇談：

『文豪和同學吵架、打架。同學拖地不小心拖把弄到他，就口頭暴力。他不熱心班上的事，自己做錯又不肯反省自己，常和同學引起紛爭，抽屜很亂，貪玩……。』

吃過晚飯，林媽媽和他談，他說：

「我已經很乖還說我不好，別班還有人偷錢呢！」

「你是我的兒子，當然很乖！」

「媽媽，今天我們班級去上電腦課，別班同學，跑到教室來偷錢；有的偷，有的把風。」

「文豪，把風的也等於偷竊！」

「我知道！」

「同學損失錢財了嗎？」

「他們連皮包都不見了，有的還哭呢！老師明天要查，不從實招供，就要送辦。」

「眞無辜！一定要查出來！」

「值日生打掃完廁所，送用具回教室，從關著的窗戶外看見教室內鬼影幢幢，嚇得不敢進去，跑到好遠的電腦教室去向老師告狀，小偷早已跑掉了！」

「跑那麼快，萬一跌倒、摔傷怎麼辦？萬一在走廊和走出教室的同學、懷孕的老師……撞擊到怎麼辦？應該就近找隔壁班的老師啊！」

「老師有告訴他們啊！他們太緊張忘記呀！」

在一次打掃的時間，幾個小朋友拿著掃把、畚箕、舀水溝的勺子……，輕鬆嬉笑的走在四樓到三樓的樓梯間。他空著手，急速的不知想往操場玩什麼？跑到二樓的樓梯階，卻一個踩空，直滾到一樓的階下。

林媽媽趕到學校，背他到汽車上：

「文豪，痛不痛？」

「有一點點。」

「還好，沒有破皮！」

晚飯時：

「吃過飯辛爸爸帶你到三軍總醫院看醫生。」

看過醫生回來時，他的臉色像白菜一樣白。

林媽媽心疼，趕緊抱他上床休息，自己轉往臥房。

「弟弟，你腳很痛嗎？」

「我還好！剛才接骨師幫我拉回骨頭了！沒有關係。」他的表情很痛苦的樣子。

「媽媽說是到三軍總醫院的，不是嗎？」

「不知道爲什麼，辛爸爸說『汀州路比較方便。』姊姊，我腳好痛，我們睡覺吧！」

子夜二更，他用枕頭摀住眼睛和嘴巴，以免哭出來的聲音，傳到林媽媽的房間，吵醒明天要上班的她。

「姊姊，我受不了，我好痛啊！我好痛啊！」

他蓋不住的呻吟，傳到林媽媽的臥房。她輕輕的開門進來。看到他的腳好腫啊！她根本不敢相信，她再摸清楚一點；他的腳好燙、好腫啊！覺得她的心比腳更痛。但是半夜裡很不方便，只好眼睜睜的陪在他旁邊，等待天亮。

林媽媽在大醫院裡忙上忙下，又推進X光室。後來得知是小腿骨斷了、裂了…

…，在推他進手術室時，她坐在門外等，想起昨夜他腳痛的程度，心像快掉下來一樣的難過。

好不容易，大夫接好小腿骨骼，辦妥住院手續，已經快到午餐時候，林媽媽打電話：

「文苑，你吃午飯了嗎？」

「沒有！」

「辛爸爸呢？」

「他下班沒有回來。」

「他可能利用星期六下午回去看鄉下的辛哥哥。媽媽把弟弟安頓好，回去弄飯給妳吃。」

「媽媽，妳開車路上要小心喲！」

「……。」

本來計劃是一家四口和親朋好友到仁澤泡溫泉、到陽明山做古道熱腸之旅、到溪頭作森林浴、到太平山畫畫、往陶波湖看風景作日光浴，欣賞二千年前火山爆發後，上天賜予如新加坡國土一樣大的美麗湖泊。看看人們如何珍惜偉大的觀光資源、在湖岸看人釣鱒魚、年輕人、老年人作日光浴、探討什麼叫「山明水秀」的美好暑假，可是就在醫院、在車上、在家裡來來去去中消逝了。

九、

半年來，林媽媽下班後，經常陪伴他坐在河濱公園看小朋友溜冰、打籃球、騎腳踏車、放風箏……。

林媽媽知道，醫生說：『至少半年以後才可以稍微運動。』這句話一直困擾著他。

不知有多少次和林媽媽討論事情時，看他的表情，的確是在懷疑到底要不要遵守？她擔心醫生的規定，比不過愛到公園運動的衝動。林媽媽陪著他一直到水源快速道路上，通過了一部又一部，趕著回家的汽車時，他們才牽著手，通過綠燈路口回家。

好一個美麗的秋高氣爽的星期假日，從他們自家窗戶探頭往外看，河濱公園裡，有的打棒球，有的打籃球，有的在跑道上跑步，有的溜冰，一片活動的景象。

林姊姊忍不住提議，到公園運動。

他們一家四口手牽手往河濱公園：

「媽媽，爲什麼現在不能和以前一樣，辛爸爸也一直陪著我們玩？」

「弟弟，別問、別想以前，過去的讓它過去！」

過了馬路，他們先跑進公園打球。林媽媽慢慢的散步來到公園，和這幾次一樣，她和辛爸爸往溪岸看青菜，走往土地公小祠堂前面的小路，看新店溪邊一群一群的鱔魚，悠悠蕩蕩。

她覺得他無心欣賞魚群，她提議說：

「文豪愛畫畫，元旦假期我想帶孩子到太平山看杉木、紅檜、坐蹦蹦車？」

「好啊！文苑功課壓力大，應該去透透氣！」

「太平山有些石階，文豪不能爬太多。」

「沒關係，我背他好了，旅館訂第一館。」

「第一館離餐廳比較近，只需爬三十幾階就到了？」

「順便泡仁澤溫泉，對他的腳有幫助。」

「回家我就打電話連絡秋媄她們和訂旅館房間等詳細情形。」

「好吧！讓孩子自己在這玩，我們先回家，不必爲孩子做太多！」

「怎麼說呢？有愛的孩子才不會變壞！」

「有一位甄小姐的故事，妳可聽過！爲了擔心兒子到美國以後水土不服，先在家裡準備了一個特大的存水缸，缸裡裝滿了美國載回臺灣的水，用這缸水燒開水、做湯給兒子喝。水用少了，再請爸爸、朋友……從美國帶回來。如此，足足爲兒子做了二年，妳說『有愛的孩子一定不會變壞』我看只有他兒子自己能爲自己做保證。」

文豪和文苑在運動中發現，他媽媽又要先回家。他們不了解，自從爸爸去世後，媽媽爲什麼最後都答應辛爸爸，丟下他們自己在公園玩，選擇先行回家的決定。

林媽媽轉頭看見，一腳踩在壘包上的林姊姊正在看她；騎單車的文豪，往她這兒騎過來時，她好像寄放什麼在公園，自己急急，腳底移不開地似的，走往回家的路。

晚餐快準備好了，她關掉瓦斯，從窗臺探頭，發現河濱公園的人群漸漸少了，她呼叫：

「文……苑，帶弟弟回家吃飯，過馬路要小心！」

回家的路上，他們看到馬路上，急急開車趕回家，一陣車子，又一陣車陣，開車的全是別人的爸爸。使他們想起以前有爸爸、媽媽陪伴一起玩的日子；這些日子，有點像黃昏的天空，浮動中的雲朵。他們心中起了個問號——自己是不是不應該有一種孤零零的感覺？

想著想著，林媽媽從廚房走往客廳，在對講機閉路銀幕，看見文豪抱著一顆大球，在按電視對講機。

「怎麼帶球回家？哪來的球？」

「在公園撿到的。」

「陪弟弟把球擺回原處去。」

「……。」

晚餐時，林媽媽說：

「排骨肉有營養、蒸蛋裡頭有香菇……。」

順便挾排骨肉給文豪。辛爸爸生氣大聲說：

「妳爲林家做的還不夠多嗎？吃飯時不要講話，好吃就自己多吃，要吃什麼自己挾！」

文苑看林媽媽一眼，端著飯碗往電視機前吃。他生氣的走往陽臺，連碗連筷往樓下摔去，門「碰」一聲往頂樓走去。

文苑急急衝出向下看，臉色慘白：

「媽媽，還好沒有人經過，我下去掃。」

林媽媽的話和淚水一樣，好像要說又說不出來。

餐後，林媽媽走進書房，和他聊天，眼前的鏡子幫林媽媽流淚。

「辛爸爸的生氣，常連累你們受氣，很抱歉！」

「那妳幫他生一個兒子嘛！」

「不！媽媽只要把你們教養成人，你們做個社會上有用的人，我就心滿意足了！」

太平山旅行的日子已近。

今晚她們準備好畫具後，高興的跑到頂樓，他們三個坐在平時看蘭花、賞竹、下棋……的四方桌椅子，慶賀元旦的到來。

那天一家四口坐在小客車上，說說笑笑的。

辛爸爸也說了一則有關太平山一棵杉木的故事：

在太平山有許多很美的杉木，生在山明水秀的森林裡，其中有一棵住在往三疊瀑布的山坡上，因爲它長得有一點特別，所以引來一些常來看它的朋友。這些朋友有些欣賞它，有些傷害它，他們一個接一個坐在它斜斜的身上，使它的身體更特殊，甚至變形了。像是一張不正常、下半身肥肥會生長的木椅。

有的人經過它的前面，就撕下它一小塊皮，它下半身的皮被撕光了，它不能逃跑，還好，它向有陽光的地方快速長高，讓他們再也撕不到它的皮。它才終年穿著細細綠綠的衣裳，和蝴蝶、鳥兒、新鮮的雨露、冷霜、空氣，過得快快樂樂的。每個假期，許多朋友不遠千里帶著溫馨，來同渡假日……。

說著說著就到了太平山。他們先辦理住宿手續，帶著畫具畫畫，又坐「蹦蹦車」走進樹林。

「你看紅檜木好大，跟阿里山的神木一樣大。」

「媽媽，你看弟弟這張畫，小紅檜站在已經老去的大紅檜上，也可愛！」

「……。」

「其實辛爸爸對辛哥哥也是和對你們一樣，他認爲自己要懂得愛護自己，要吃什麼自己挾。」

「媽媽，以後我和弟弟喜歡吃什麼就自己挾什麼！」

「好多死去倒在地上的紅檜，它的身上長著一棵年少紅檜！」

「年少紅檜，和老去的紅檜，擁有同一株檜木樹根嗎？」

「是啊，少年紅檜，墊著老紅檜的身體，自己一天一天的長大。」

他急遽說：

「不是，有的是它自己長的根。」

「有很多是小紅檜自己長新的根，在老去的紅檜身邊，依靠它在斜斜的林地長大。」

「弟弟，你看你自己畫的圖嘛！」

他們看到圖畫中，也有小紅檜伸一枝最大的根，在老去的老紅檜樹頭中空的中央，另外幾枝根，長在老去紅檜頭的周圍。」

「媽媽，它們都等待，老紅檜頭腐化的身體爲營養嗎？」

「是啊！森林中的蝴蝶，眼看著老去的紅檜頭，把小紅檜墊高起來見陽光；少年紅檜一天一天長大，陽光有耐心的，使它一天一天的長更高，它自己更堅強的站得更挺更高。」

文苑在蹦蹦車上，伸個懶腰笑逐顏開的說：

「你看少年紅檜，長在往三疊瀑布的半山坡下，就可以看見山坡上，坐蹦蹦車經過的我們和很多旅客呢！」

「弟弟，不要再生氣了，不管根同不同，辛爸爸對我們這一家，至少有安定的作用，是我們的支柱。」

和林媽媽同坐位的辛爸爸：

「出來走走眞好，可以森林浴還可以寫詩！」

「是啊！休息是爲了走更遠的路！」

十、

從小忠厚老實，當模範生、班長、練得一手毛筆字、小學時全校書法比賽，第一名非她莫屬，連幾年得過全國兒童書法獎，畢業時名列前茅的文苑。林媽媽拿著一大疊她的獎狀、受獎名單到國中，她很幸運，沒有讀到一班只有二十五人的班級，有讀到全校十一班女生班，唯一一班容納四十五人的明星班。

林媽媽和幾個媽媽常常親眼看見，不是明星班的學生上課，沒有幾個在聽課，把書堆疊高高的，有的把書蓋著桌子，書一翻開，桌面滿目瘡痍，立可白畫啦、寫些不堪入目、病態的詞句。諸如：

「喂！我騎你的馬子才夠酷，有種就吸一口……！」。

老師罵：

「到底是誰的字跡！」

英文考試，學生連一個單字也不會寫，雙腳在桌下抖動，雙手在桌面亂敲。有的趴下睡覺，不然就是打瞌睡，或是上課還在外面打球。

老師根本沒辦法上下去，想要同學多讀些英文，便說了一些生活小趣味：

「曾經有一個臺灣觀光客，上服裝店買襯衫，一連選了幾家都沒買成。走到街底那家店門前，年青的老闆不想讓他進入，就用粗話罵他：

「FUCK YOU……。」

他基本的單字、片語都聽不懂，只好回答：

「THANK YOU」門前的幾個人莫不笑彎了腰！

「往英國觀光，想上廁所，前往百貨公司找廁所，找了半天，TOILET不認識。樓上樓下跑了幾趟，EXIT又不認識。遊覽車在馬路上等了好久，等不到他回來。他在百貨公司等了十幾分鐘，才等到一個會說中文的人，告訴他二個方位。

「到馬來西亞的蘭卡威島，衆人欲乘船往孕婦湖，開價的團體價格爲美金九十五元，不會用英文和船主講價的都上船去了；會說英文講價的，以馬幣四十五元成交，折合臺幣約四五〇元。一家若四人成行，從原來的一萬三千元減少爲一千八百元。」

連窗戶都看他們看呆了，同學們還是不讀，懶懶的對老師說：

「他們藍眼珠不認識中文，我是黑眼珠當然看不懂英文！」

文豪課業沒那麼好，只能進這種後段班級。

林媽媽不讓他進去，找名牌老師幫他補習，很僥倖的考上離家很遠的私立國中美術班。林媽媽不會騎摩托車，又找不到人幫忙，只好每天早一點開車送他上學，再回去上班。下班來接他回家，再做晚餐。後來因爲道路一直施工，馬路像停車場，塞滿汽車，她上班差一點要遲到，回到家也要八點多，做完晚餐已是九點鐘了。

林媽媽體力不勝負荷，身上長了十幾粒硬東西，每天頭暈暈的，深怕看不清楚病痛，醫生就要她住院醫病。想到孩子沒人照顧，就一直拖著沒去。

在一次開車送他上學途中，她突然冒出一頭冷汗：

「媽媽頭昏！」

車子停在路邊，醒過來時，她終於決定讓他乘公車上學。

她每天準備好荷包蛋、牛奶、……又看他穿著燙得挺挺的衣服，陪他走到車站，滿面笑容的送文豪上第一班車。

一天他突然和林媽媽說：

「從今天開始妳不必準備早餐給我吃！」

「爲什麼？」

「我吃不下！」

當她要送他到車站時，他一溜煙的不見了！她在車站附近找很久。第一班車來了，他躲在早餐店，吃一個叫阿達請的早餐。

上學的、上班的人車，擠滿了馬路，林媽媽只好帶著「不安」回家。

開學三個月以來，哪個學校不是過規格化的生活？那天守衛一樣在校園走來走去。

放學後留下來加強學科，還沒有上課的時間，他打一打球又跑進傳達室看報紙，好一會兒才出來。不管上課遲不遲到，習慣性的「秀逗」直往校外跑。

那天林媽媽被電話的敘述嚇住：

「我們調查的結果，林文豪經常遲到，上課時間，還在外面打籃球，甚至到外面打電動。找門房借報紙，假借看報紙，不但報紙亂丟，還偷門房的枕頭下的零錢，又以媽媽沒給零錢坐車的理由，和商店借錢……。」

林媽媽頭很痛，還是想到一個協助他的方法——轉學。

她沒有問他願不願意，輔導室的老師也不知道他需要幫忙。他雖然沒說不想轉學，但是很想趕快離開學校。決定以學區的理由，準備辦轉學手續也就順利的進行中。

十一、

一早，林媽媽以文苑表現優異的理由，前往學區國中教務處，表明文豪想要轉入所謂的人情明星班。談了好多次，教務處不答應。

第二天、第三天她再去教務處，教務主任答應她，今天下午下班後五點在會議室和校長見面。

她們談到實在太晚、太晚了，校長才勉強答應讓文豪進入這個班，林媽媽高興的整夜好好的睡了一覺。

平靜的日子過不了一個月，他在新學校，又開始在教室走廊，拿著板擦玩追逐戰，板擦丟來丟去，把同學的頭髮、藍色外套都弄得白白的，頭髮、眼睛、鼻孔全是粉筆灰，甚至於丟到走過走廊的隔壁班同學，還不覺良心不安。又在走廊用球砸同學的頭。

也玩一人在裡頭，一人在外頭的推門遊戲。玻璃破了，割傷同學的手還不算，顏面骨都露出來。護士送走同學到醫院。辦公室導師傳來：

「臉蛋破了，手也縫了十六針，連韌帶都斷了……。」文豪不但沒有想到，如果是他自己被弄傷，那麼痛不能忍受怎麼辦？不能美容怎麼辦？美容了還是有疤痕怎麼辦？被責備還不服氣的樣子，就在走廊，引起受傷男生班，十幾個同學互毆。

訓導處調查以後，把林媽媽等有關家長約來開會，認錯的同學警告一次，不認錯的大過一次。

最近校門內的公佈欄前，總是一堆圍觀的學生。不久，他被什麼編「電腦班」的名義，編入刻桌面、用書桌當畫紙，用立可白畫圖的班級。

他以這件事問林媽媽，我從小電腦學得那麼好，怎麼沒有編列電腦班？她不說話，但是她很後悔，她當時爲什麼要幫兒子辦轉學！爲什麼不請輔導室幫忙？文豪自己也有責任，當時他一直想要離開校園，因爲他無臉再在操場打球。

從此放學後，文苑在讀明星晚自習班，文豪卻在放學前就爬牆失去了蹤跡。

林媽媽不知道他人已爬牆出去，還在傳達室外等，等到最後一個學生走出校門，那個人竟然還不是他。

這樣過了好久，她還是每天去等，守衛對她說：

「妳有精神病，隨他去了吧！」

最重要的是同學都知道，他自己不站起來，大人說什麼、做什麼是沒有辦法幫助他的。

十二、

今天放學，林媽媽仍是臉上寫著字，在圍牆外逛來逛去。後來，守衛見她坐在公園外，一個她常坐的花臺上，他有意無意的走過去請她到傳達室來：

驪歌聲起，大部分的小學畢業生淚水滴濕了蠟燭，一批一批快樂、興奮的走進國中校門。很多的學生，卻常回家來訴說心事。他們失去了笑容，他們第一次做錯了事不知請誰來輔導，他們生活如同地獄。

歹徒舉槍把百分比九十以上的學生，打死在校園，不留下社會問題也就算了，爲什麼要用「不常態編班」引發的種種問題，來暗殺他。使他們生死不得，折磨他使他們沒有方向。

如此不公平的環境下，正値成長年華的青少年，他們不會辨別是非，不會用適當的方式解除壓力，長期神經不得愉快鬆弛，久而久之要生種種疾病。一個歹念頭，一個價值觀念的偏差，國中教育不是培養殺人犯、強暴犯……的最佳組織地嗎？當然這些從小就不知如何選擇朋友，沒有正確價值觀念的人，以後到了社會，人性完全被物慾所淹沒是一定的了。

升學、升學、分數、分數……主義之下的大部分孩子，在不是藝術家，而是老師大人的眼裡，就像一顆顆毫不起眼溪流邊邊的大石頭，從來沒有人欣賞它，當你不小心踩到它時，必讓你滑了一跤，甚至跌入漩渦中。所以並非一些人要負責任，其實教育政策之下的大人、學生……都必須省思。

王老師不是說：

『我的兩個孩子還不是沒有讀明星班，不是都乖乖的！』

「是啊！我勸導孩子自己站起來，我盡力了，他猶我行我素！」

「不是我這個做守衛的多嘴，她不說妳『不知勸孩子自己做好』才怪，還在幫他們分擔責任，告訴妳，好班級還是有壞學生，壞班級也有考上公立高中的，不是因為我是守衛才講學校的好話！」

她失意的不知走往哪兒！

十三、

一九九一辛未夏。換了一個國二上學期，林媽媽去找教務處，要求換回和彥龍，文逢同一明星班，教務處連門都不讓她進去。

只好勸他：行行出狀元，在哪裡只要品性好，就有前途。

她不甘心，又打電話到教育局，教育局來查，學校拿出假班級名單給他們一行人，又用行動電話聯絡，趕緊照著假班級，臨時換學生上課。

長官根本「沒法度」。

放學後男、女各一班明星班再組合回去，留下來晚自習。

文豪、報紙、肉豬、獵人、山貓、小喜……留在操場打球。

女明星班欣玫、小芬的學生家長代表一組送晚餐來。

地球二十四小時不停的轉著，肉豬他們在他們教室附近徘徊著。獵人也糊裡糊塗的，不知是眞的想上廁所，還是要回家以前經過廁所。

恰巧有一個明星班男生用完晚餐，也往男生廁所方向跑，跑著跑著，兩個撞著正著。他抓住他雙手，一個扭打。他大叫：

「我…要…告…教官！」

「你敢出聲，就『吼哩死』！」

繼續按下他的頭，撞男生的馬桶。

不幸發現一道手電筒亮亮的光源，從對面花叢邊，上上、下下慢慢的移往廁所的方向。

他情急之下，簡直就是壞人抓好人，又推又踢又撞牆壁的，把兩個人關在廁所裡。用手勢命令他：不准出聲音，呼吸再輕一點。

鄭教官的手電筒光影，忽左忽右、忽起忽落、忽扁忽圓的在廁所內外繞來繞去。

被門縫壓扁的光不見了，才推他去牆角落，又丟下他，連書包都沒有背就回家。

明星班的老師剛要開始上課，發現少了學生，立刻通知訓導處。教官找來找去，才把坐在廁所，滿頭滿臉，不知是水、是汗、是尿的他救到訓導處。訓導主任連忙通知家長，商量立即送到醫院的事。從醫院回來，一開始那個同學就是不敢說出來，施暴的是誰！經過一天的調查，終於眞相大白。

報紙一干人知情不報，林媽媽等四個媽媽，被請去開訓導會議。會議中，學校私底下要求家長要林文豪轉回美術班；能不能轉回去，只有他和林媽媽知道無校可進的秘密！

最後決定，再記一次大過給不承認犯錯的文豪；他知道學校的意思是希望他趕快站起來，手做好事、腳走好路。

事情告一段落了，表面上似乎恢復正常，其實他還是每天很晚回家，林媽媽找他談，他總是覺得很煩，說：

「運動有什麼不好？」

林媽媽生氣了！：

「媽媽愛你才管你！」

「不准管我到哪裡！不然買腳踏車、給我錢，我去補習！」

「眞的，知道要讀書了！乖孩子。不管讀得如何，知道要就好，希望你快快長大，不要再和他們在一起！」

她好高興，到對面「宜昌」買腳踏車，打電話和補習班聯絡註册事宜。

十四、

這段時間，她用電腦寫一些詩貼在花盆：

濃妝豔抹色傾國，

一顰一笑君莫誘；

半爲群釵半爲郎。

巴城歲月春意酒。

可以爲自己喜歡的工作而生活，生活好有意義。和辛爸爸一起看電視，辛爸爸問她：

「妳有睡午覺是嗎，怎麼精神那麼好？」

「我沒有睡。」

「中午要休息一下才好，怎麼不睡？」

「和學生相處的時間拿來睡覺，哪有那麼可惜。我坐在坐位上，對著學生一個一個的端詳，一個一個的相，越看越可愛。我班有一半的學生，他的媽媽每天幫他把衣服燙得挺挺的。看那！有人疼的模樣，眞幸福！眞感謝孩子的父母！」

「誰幸福？」

「有這樣的學生教，有這樣的媽媽，當然老師學生都幸福！」

「那父母呢？」

「孩子今天做對，今天起就幸福。」

「還有附帶條件的！妳爲林家付出還不夠多嗎？妳爲我……？」

林媽媽又再以：

「我考慮看看！」回答。

第二天。因爲交到幫派的朋友，讀到國三就被學校退學，以前在早點店認識，有個抽著煙、嚼著檳榔、留著鬍子。冬天了，還穿著短袖短褲，看起來像「白酒中之果」的阿達，到補習班門口等文豪放學。他拒絕他的邀約，自行車頭也不回的回家。

因爲林媽媽的：

「你不要再和他們在一起」，這句話使他從補習班回來，整晚坐在書桌前，憶起九歲那年，一家四口，騎馬的經驗。

在林爸爸朋友處，一個三百多甲地的農場裡，飼養了一百多匹的馬。主人依客人的長幼、胖瘦，膽子的大小來分配騎哪匹馬兒。

馬兒排成一路縱隊，向前旅遊。

途中馬兒會因觀光客人的膽子大小，有沒有騎過馬，選擇用走、用跑、用跳或散步的方式，來滿足騎馬的客人。

牠們從農場出發，經過森林、牧場、遊樂區，上坡下坡、轉彎、平坦、坑坑洞洞的路。聰明馬兒知道自己有權利選擇自己最喜歡的路來走，轉彎時選擇最近的路線來走；當他騎的馬兒調皮脫隊時，姊姊那匹馬兒，竟然在斜坡的內側跑道，快速穩步走下第六跑道，用頭碰牠一下，不料他騎的馬兒左前腳一踢。姊姊趕緊將馬，繩之以左。林文苑的馬兒快速歸隊後，他騎的馬兒也慢慢的從五、四、三、二跑道跟在第一跑道後面。

那一回家人是多麼快樂呀！

十五、

在家等他補習班下課的好日子匆匆過了半個月，補習班的老師突然來訪：

「林文豪怎麼了？兩天沒有來補習班！」

「你可不可以幫忙我？什麼少輔組都找過了，沒有任何一個人能幫我！」

「是幫他，而不是幫妳。我看，只有他自己能幫他自己！這種孩子補習班太多了，遇上我這老經驗的老師，不到一星期，看別人努力就知道自己是浪費生命了，我想辦法看看！」

「感謝！感謝！」

老師到補習班對面電動玩具店，把文豪叫出來。兩人在馬路上大玩追逐遊戲。明明看見他在巷子口，衝過去連個影子也沒有。轉頭過來發現他在路邊停的車子旁邊，追過去他又不見。

另一個帶補習班學生已十多年的老師也拿他沒辦法，只好打電話給林媽媽：

「文豪不來補習班，在馬路上追逐太危險，我追到天黑才回補習班，我看我不得不投降，放他一馬好了！」

林媽媽除了反省自己那裡沒盡到責任，請教名人以外，再幫他約見少輔組，起先大部分準時赴約，有時爽約，後來則恰好相反。啊！想想他大了，應該把握住機會，自己會走應該走的路！不到補習班、不用功沒關係，腳踏車不要騎錯路就好。每天放學後，到學校圍牆外逛來逛去，看看他是否在學校打球？起先有，後來校園內到處找不到蹤影。

爲了籃球賽「SUPER」隊，能穿整體黑黑的球衣，阿達帶文豪領著他們，躲在女生廁所後面商量。

路邊的花草、樹木連連搖頭嘆息！

躲躲閃閃的一群人，在學校的圍牆外路邊停車場附近分散。他們說好，沒有人來停車時，依照剛才的決定。阿達指揮，他和報紙把風，獵人和肉豬敲破箱型車玻璃，山貓和小喜拿車裡存貨的運動衣。

恰好來了一個要開車的人，他們有的躲在車子後面，有的爬在車子底下。司機開動車子，倒車時，往後面一部車底下，繼續倒退爬著。

照原定計劃拿到運動衣，直往文豪家跑。

怪哉！竟然夜路走多了，還沒遇到鬼！

他們知道文豪沒有回家，他的媽媽會找到天亮。這時也只有他的媽媽不在家，和分針一樣，還在街上不停的轉。

早已決定把偷來的衣服，由小喜拿到他家，有蓋屋頂的空中花園，或是在他家樓梯間找一個位子放著，然後回老地方會合。

林媽媽走過一條一條的大街小巷，看到很多正補完習，走回家的孩子，麥當勞店坐著、站著滿滿的客人，以及一家一家圍著吃晚餐的大人小孩。

她走進一家一家的電動玩具店，觀望一家一家的泡沫紅茶店，他可能去的撞球場、PUB，到最後面一條巷子裡，終於看到他們那狐群狗黨，有的抽香煙，有的吃檳榔，好像聚精會神又緊張兮兮的在打電動：

「文豪，回家。姊姊在等你吃飯。」

當時的情形，很像農場上兩種趕羊的牧羊犬，一種是低身蹲下去，不停的叫。

羊怕牠的聲音，就成群結隊的向方向線奔逃。另一品種是名叫「漢庭衛」的，它低身蹲下去，用眼睛工作，羊群莫不嚇得成群結隊的奔逃。

羊群和牧羊犬互換腳色，不知有沒有人想過！

文豪瞪林媽媽一眼，跨上腳踏車，飛快的騎走。

他躲在巷弄竹叢下，見不清楚她的人影，卻有木屐的聲音追得快喘不過氣來。他再騎到更暗的巷子裡頭，一再調頭回來看，樣子很像在等她。

連一到四樓的庭園、陽台上的夜來香都出來看他，感覺溫馨，並放出香氣：

「她兒子和小時候一樣，『好有愛心』時。」

他卻快速騎過去，將她撞倒在無路可退的庭園圍牆邊。

林媽媽爬起來，摸摸破皮的右腿，回到家時，見他沒有洗澡，已經躺在床上，怎麼叫，他也不起來吃飯。

三缺一，不知有沒有吃飽，就吃飽了！

飯後，他又背著辛爸爸的眼睛，用眼神手勢命令式的：

「妳到頂樓來。」

反正自己生的孩子，她一直等、一直等……等他走人路。

她悄悄的上樓，擦一擦好久沒上來坐的椅子。還來不及欣賞迎面正六邊形花盆上杜秋娘的詩句：

勸君莫惜金縷衣，

勸君惜取少年時；

有花堪折直須折，

莫待無花空折枝。

就見到他面對著樓梯門坐著，雙腳翹在桌子右前角，不是一次能趕四百頭羊的眼神，也不是「漢庭衛」的聲音：

「我要買運動鞋。」

「運動鞋不是剛買？」

「要買白色的！」

「黑色的才是學校規定的顏色！」

他拍桌子，站起來罵三字經和「丂凹北」……。

林媽媽認爲不可理解，她走到暗暗的竹叢前，注視挺直的枝節，一片片的葉子。她再一次思考，她請問竹葉，要不要再原諒他。來了一陣風，竹叢搶著說：

「還是照很多親戚的意思，送他到少年法庭請國家管？或是讓他當流浪狗吧？」

他又突然起身，往一樓跑。

她回家看一下天天進步的文苑，又往廚房切柳丁，再走往她房間。她一坐下文苑的床緣，便聽到樓下傳來急迫的電鈴。她擔心電鈴燒焦，放下一盤柳丁，衝到門口，拿起對講機聽到他吼叫：

「『塞你娘』，我要買黑色的。」

「對嘛！黑色的才不會被記警告，不過你有黑色的新運動鞋？」

「我要買別種品牌的，我先騎腳踏車在南昌路『健強商店』等，妳走快點。」

林媽媽走在金門街快到南昌路口，沒追到他的蹤影。當她快步趕到運動鞋櫥櫃前，好大的黑眼珠，盯著一雙白色的運動鞋不放。

運動鞋和他們之間牽動的情緒很激動。

老闆當然一眼就看出，買鞋子是要用來走人路的。走過去看一看鞋子們，就去賣另外幾對父子、父女、母子、母女要的「快樂牌」運動鞋。

一屋子的鞋子當然看不出來，他們僵持不下，也看不出來，林媽媽不忍讓他暫時當一天遊民的心情。啊！鬧夠了他會累的，她想先回家，但是，不知風箏今晚會停在哪兒休息！快回到金門街口時，他騎車追來，像不是「漢庭衛」恐嚇她：

「『靠北』，妳若不回頭買我看中意的那雙鞋子，我就不回家，還……給妳好看！」

她不理他，木屐聲音沿著路邊悄悄的響著。他騎車追過去，攔住她的前面，還想破例動起手腳來。

好不容易，她終於心蹦蹦的跳到家。

她坐在文苑房間，低沉緩緩的說：

「文苑，妳乖。今天媽媽的心突然很痛！」

「上次醫生檢查妳心律不整，媽媽，辛爸爸已經睡了，妳快去睡。」

「媽媽恐怕會睡不著！」

「媽媽晚安！」

「妳也早點睡，身體健康比什麼都重要！」

「知道，謝謝媽媽！」、

用燈光代替林媽媽的心，她把前陽台的燈打開，客廳門掩著，讓他見到燈光，燈光見到他，而知道回家。她自己腳也沒洗，就身體靠著床頭，坐在床上。

不到五分鐘，電話又響起。林文苑知道是他打來，就急迫的接起：

「媽媽呢？」

「她不舒服，睡覺了。」

「你叫她接。快！」

話機裡聽到，辛爸爸在旁邊說：

「買給他，我出錢。」

「媽媽，叫姊姊送錢來，我買黑的。」

「好！姊姊騎腳踏車過去，十分鐘就到。」

電梯不會自動等沒提鞋子又走慢二步的人，就急急的 CLOSE。

林媽媽走過他房間，到前陽臺關燈，看見他在試穿鞋子。她順便進來，蹲在他前面，想和他聊一聊。他看她一蹲好在自己前面，就像癲痢狗跑到餐桌下一樣，一腳就把她踢倒，她的頭撞到買新家時，她請師傅做的單人床角。

她摸著淤著血的大腿，一點點跛腳的，走往自己的房間，偷偷的幫淤血的新鞋子模型擦藥。

雖然只有一隻鞋子的印，可是幾天來，她連走路時，都顯出大腿痛又難過的樣子。

畢業前，學校爲精力充沛的學生，培養團隊精神，特別舉辦籃球大賽也開始了。

林媽媽站在遠遠的樹下看他們打球，報紙、肉豬、獵人、山貓違規，小喜叱咤風雲。

教官老遠就看到她，騎著巡邏的自行車來到她前面，丟下一句話，騎著車走了：

「妳看妳兒子打球，像要吃人的樣子……。」

「對不起，我回家說他。」

她悶聲不響的離開熱熱鬧鬧的校園。

十六、

年年的夏天都是一樣的，一批一批的莘莘學子已經五專畢業插班上國立大學，有的循規蹈矩的上高中、高工、五專、夜間部、補校、職業學校、或是堂堂正正的做人，找個待役的工作，或是準備先去當兵，反正想讀書隨時都可以讀。

她也捲著一張小小的畢業證書，凡是知道哪個學校可以報名，便問他：

「文豪要不要報名？」

「好啊！」

有「好啊！」兩個字她都去排隊，從六月中旬排到到八月下旬，畢業證書後面蓋了一排招生委員會的印章。舉凡聯合招生、單獨招生、夜間部，無一遺漏。

每次考試，早早去陪考，最晚離開考試學校操場的也是他們。

最不同的是，在師大附中、南門國中、松山高工考場時，下課時間在球場打球，文豪交到一個名叫伯曲的朋友。

九月開學，文苑已是品行一等的高二學生。當然文豪也背著書包去上美術班，這讓林媽媽鬆了一口氣。好不容易有學校進去，書讀不好沒關係，至少過團體生活，可以學做人。

也不知誰傳去國中的消息，說是竟然有學校讓文豪進去！國中老師的眼鏡差點跌破掉，嘖嘖稱奇之餘，紛紛打電話和林媽媽確定：

「……。」

「眞的文豪考上校風那麼好的私立高中！還有管理完善的學生宿舍，眞好！」

「英文幾分？」

「國文幾分？」

「是啊！他術科很高分，腦筋又好，只要肯讀，考試不是問題。大概有讀到的，恰好全部考出來嘛！國文八十多，作文只扣五分。」

「我們就知道這孩子有前途，希望他好好努力！把握住這次的機會！前途無可限量。」

「那就靠他自己造化了，謝謝老師！」

她快被煩死了，掛掉電話，自言自語：

「還不是想要在川堂紅榜單上加一個人名，才打電話來確定是不是『好高中』弄錯准考證號碼，還是加錯分數，眞是的！什麼好高中、壞高中，還不是都一樣！」

到底怎麼進去的，只有他自己知道。

那麼難考上學校，又和欣玫同一班，他得好好表現。每天上課聽呀聽的，記呀記得，好像知道時間很寶貴，不能無所謂，連晚自習到十點了，還聚精會神。

從小就愛看故事書，三國演義什麼的，坐在客廳沙發上，一面吃葡萄乾、土司麵包一面看，一看就是半天。

直到高中對國文都是最有興趣的。

每個人都有「機會」的，他當然不例外。國文老師一心想栽培他，他也不讓她失望，作文一次比一次令人感動，考試一次比一次進步。

他一向滿照顧女生，力氣又大，四個女生抬的體育器材，他一個人一背或兩手一抱，輕輕鬆鬆送去送回，後面跟著笑嘻嘻的男女同學。

不必收拾器材，午餐前，偷五分鐘打籃球的文彬和阿麟幾個回來，同學早已準備開動。老師笑逐顏開的：

「班上還好有你，聽說你跑得很快，是田徑選手？」

「還好啦！」

「你好像心很亂的樣子？」午飯後：

「林文豪午休後到老師辦公室來。」

對這關心他的老師，著實領情了，開學至今，賣力的辦完她交代的第一件事，就是負責資源循環的整理工作。

文彬陪他快速跑到了辦公室，他自己進去找老師。

「這個椪柑是我特選來的，很圓很大色澤橙黃鮮艷，老師每次想帶一個來都忘掉，下班就給小妹妹吃了，今天總算沒忘掉。寄放在你抽屜，別搞忘記，把它給吃了，老師要做實驗的喲！可以嗎？」

他伸出手接過一個好美的椪柑，點頭表示同意。

文彬覺得奇怪，一個椪柑，像捧著一件寶貝似的。回到教室，笑嘻嘻的把抽屜的麵包屑、塑膠袋、小說、金田一少年之事件簿漫畫、便服……都丟進垃圾桶或壁櫥櫃，書本一本一本的排進書包裡，把椪柑擺在空空的抽屜中央。

同學們發現他的椪柑一天比一天金橘，抽屜一天比一天整齊，漸漸的，抽屜除了一個椪柑之外什麼都沒有。下課欣玫和他開玩笑：

「文豪，椪柑一定很甜，分幾片給我吃，明天負責帶一個長得一樣的還你。」

他往左看她一眼，扮鬼臉：

「不錯嘛！報到那天，我媽媽說妳考前幾名，人也乖巧！」

文彬道：

「應該還有，球也打得很好，跑也跑得快，林媽媽喜歡她！」

「說眞的，眞快，第一次段考快到了！」

「所以啦啦隊要趕緊練習。」

「妳以爲只有妳欣枚緊張！」

依照慣例，十一月底將舉辦「競技啦啦隊」比賽，放學後全班要留下來練習。美術班的學姐會來指導，每個人有責任多爲班上出力。大家一定要賣力，團結在一起，力量大的，穩穩的站好當下層的人，把上層人墊高，美術班才能繼續獲得連年冠軍的頭銜。

經導師同意他們一組一組的往校外買晚餐，文彬和文豪開玩笑：

「你買套漢堡請我，明天考英文欣玫就罩你。」

「不必啦！緊張什麼，生平無大志，只求六十分！」

「你簡直在混嘛！」

走廊一人影匆忙閃過。

「奇怪，這麼晚了怎麼有人上樓來，大門不是鎖著嗎？」

「哎呀！學校裡還會有壞人嗎？修理水管的吧！」

欣玫頭低低的擦皮鞋，看看錶，突然用命令帶溫和的口氣：

「集合時間到了，全班到走廊集合。」

十七、

高一三班，級任王老師上班前發現：今天天氣有點異常，馬路上已車水馬龍。看對面的廣告招牌，像是霧裡看花！

「是啊！都快七點了，只見一片霧氣的！」

她匆匆趕到學校，走進辦公室，見到平日相互關照，也是最早到校，情如姊妹的黃老師；黃老師如往常像工友一樣，提著辦公室的茶壺往水槽：

「黃老師，妳早！」

「早！今天有點涼，妳多穿點了沒？」

「有，謝謝！」

「是怎麼了，都八點了，不出太陽卻起霧！」

她們倆個一同走到隔壁大辦公室時鐘前面，看清楚長針短針的位子，又看看門對面的教室：

「我也覺得今天有點奇怪，到現在還看不見天空的雲飄散到哪邊！沒看錯鐘呀，怎麼回事！暗濛濛的！」

「是啊！連對面的教室都看不清楚，怪怪的，眞不舒服！」

八點多了，霧裡看見了校園裡的一些花和大樹。

老師、各班同學，正在走廊集合，準備啦啦隊競賽。有些先到的班級，從後操場傳來宏亮的領隊和觀衆CHEER有節奏、韻律感的口號聲：

HEY FANS ON THIS SIDE YELL

GO+GO

HEY FANS ON THIS SIDE YELL

BIG BLUE + BIG BLUE

TIGERS FANS ALL TOGETHER

GO+ BIG BLUE

GO+ BIG BLUE

欣玫離開隊伍往導師身邊：

「老師，比賽快開始了，我到教室樓上的空教室拿上週準備好的隊牌。」

「要不要副班長陪妳一塊兒去？」

「不必，謝謝！」

「下樓梯小心，速去速回。」

她的跑步聲中，傳來反覆的場邊助陣 SIDELINE 宏亮的口號聲：

NOW OR NEVER

GET THE CHANCE YELL

LET'S GO TIGERS

……。

校園內一片歡樂、衝勁的聲響，陪她喘噓噓的腳步跑到頂樓。門一推開，就被一雙又大又長的魔手拉住拖進去，並用力脫掉衣裳，她使出全身力氣反抗。他一再的還予耳光，撕開衣褲。她奮力逃跑，被推撞牆……，直到額頭流出溼紅紅的。

一件令人害怕的事就這樣發生中……。

副班長虹彩在熱熱鬧鬧的口號聲中，看看錶，二十多分鐘了，她早就應該回隊伍。她在導師的目示同意下離開隊伍，往前棟教室方向跑。

十幾分鐘之久，她們都沒有回來，老師又示意文豪前去幫忙女同學拿隊牌。

虹彩剛到達時，奇怪！用力推門，門不開，突然門後伸出一隻魔手，把她拖進去。她嚇住了，見欣玫好冷好冷、好羞澀好羞澀的、面目全非的、蹲在牆角發抖。

她拔腿要跑去求救，歹徒把她也拖進來，打耳光、要脫衣服時她蹲下去，拋棄衣服，魂飛魄散的逃到樓梯呼喊。

恰巧文豪跑上樓梯，她用顫抖的聲音：

「有…個…壞男人……在上面！」

他丟下樓梯的虹彩，衝上樓，奇怪！乍看來有點像是誰？上前扭住歹徒再說。歹徒掙脫，往走廊逃跑。他追逐中大喊：

「他是壞人，抓住他，抓住他……。」

被追逐的，看情形不對，不往樓梯逃，把裝設不牢的鐵窗掀起，準備爬下樓來。

他五梯當一步，先衝下樓來，盯梢他往東又往西跑，一面呼喊：

「他是壞人，抓住他，抓住他……。」

啦啦隊的口號實在太大了，歹徒在前操場繞來繞去，追來追去，正要翻牆出去前，終於被趕來的男老師們逮住。

導師和隔壁班的老師把她和虹彩抱到健康中心，送到醫院。

第二天，老師才傷心的回來學校。

知道這事件的老師在反省：門禁不夠森嚴的問題，校園開放的問題、應該怎麼樣使學生能安心，快快樂上學回家的問題、同學們怎麼樣關懷受害同學的問題、使她們不受到二度傷害的問題……。

同學們對突然開始上課，停止啦啦隊大賽，工友又把鐵窗搬去頂樓裝，感到莫名其妙。紛紛問上課的老師：

「到底發生了什麼事？」

不幸的事件已經發生，亡羊補牢猶未爲晚，至少應該不讓事情擴大，讓她們受到最少的傷害，老師只是說：

「是有歹徒進校門來，同學們警覺性高一點，可怕的事就不會發生！」

「壞人看起來什麼樣子？」

「二十多歲左右。」

「會不會是昨晚他們看到，以爲是修水管、偷偷摸摸的那個影子？」

「他叫黃阿達。」

這幾天她們沒有來上學，聽說欣玫要轉學，他們默不作聲的坐在教室，沒有心情專心上課。

公告欄上已經貼出文豪記一次小功了，教室裡還空著兩個坐位，大家都責備自己太粗心了，讓她一個人去頂樓。

虹彩去上課了，老師連續兩天也眼睛腫腫的上課。每天放學，趕到她家探望。隔壁班的老師一直安慰導師，她還是難掩傷痛的心情。

別班老師想陪她去看欣玫，老師不答應：

希望她趕快平靜下來。啊！就是她來上學了，也覺得一輩子陪著她成長，還無法彌補自己對她們「照顧不週」的虧欠。

欣玫她奶奶孤家寡人的住淡水，死也要守著淡水河的潮汐變化。她和媽媽商量，決定轉到淡水河邊的一所古色古香，有美術班的私立高中。

秋高氣爽，幾天來一對對的青年戀人、學生情人，走在河堤欣賞風景。放學，欣玫還是往河邊走去，坐在河堤，想一些世事不公平和她想做的傻事。

天色漸漸昏暗，年高六十多的奶奶帶著家住隔壁，現在同班的新華來找她：勸她：少年人不懂事，沒見過世面。沒有經過火山爆發，哪來美麗汪洋的湖泊。要活得夠充實，要將「快樂」加在自己的身上。還說了一堆聽不進去的故事：

有一種不會飛的螢火蟲，一生聚集、生長在永不見光，好長好長冰冷的湖中隧道的岩壁上。長爲成蟲後，每隻一小點的螢光，像滿天星星一樣，貼在岩壁上。雖然雌蟲只活四十八小時，雄蟲只活三十六小時，然而它們在暗無天日下，盡心盡力的在這生命內，完成牠唯一傳宗接代的工作。

她奶奶十六歲那年，高等中學剛開學不久的一個上學的日子，她阿爸幫她修好喜歡「落鍊」的腳踏車，她很滿意的經河畔騎往客運車站，見一個接一個被反綁跪地的人。接著就是一串的槍聲，和染色的淡水河。

河水未浮腫的這幾天，多少人找不到兒子，多少人找不到丈夫。活的是活在恐懼當中，卻未曾一剎那間不想繼續活下去。

新華比她懂事得多，他的曾祖是當年的副議長，為了生命，輾轉躲避三年，才找到藏身之處。

當地人給他一條舢舨和鐵鍊，他彎腰或爬或蹲下去，走往螢火蟲洞穴。他將鐵鍊從湖入口掛到盡頭，作為不見天日，攀緣前進的划舢舨路線。湖洞穴不寬，舢舨無法轉彎，只好日日夜夜，雙手順著鐵鍊前進到螢火蟲的天空下生活。肚子餓了，又順著鐵鍊後退到達入口，偷偷的拿到一些當地原住民送達的食物，配甘甜的湖水。

……。

她奶奶勸她：

『只要腦筋轉個彎，不走被封的路，生命的光彩將隨她而來。』

十八、

寒流來了幾回。

山貓職校讀到補校，補校讀到撞球間，撞球間混日混夜，狠心到，家都不回，扣BB CALL不回，父母根本找不到他。

撞球間裡，最常聽見他和朋友的對話是：

「喂！你們那邊不知道有沒有人要打網子？我們這邊有人在招。」山貓：

「今天是什麼日子，爲什麼要牽網子？是外面欠多少？一千一萬，還是要打家產？」

「不敢就站旁邊一點看就好！」

「你講話太衝さ！」

櫃檯勸阻：

「別這樣，都是出來玩過的人，有錢沒錢，少少的打，別傷感情，不要沒錢賭太大！」

「沒妳的事！」

在撞球間打起架來，頭破血流，還沒有覺察到，自己適不適合到這地方來。

今天山貓總算像躲貓貓一樣躲到家裡來，他媽媽看他那副鬍子沒修的樣子，不太敢多看他一眼，就若無其事的走進房間。家裡的電話響起：

「山貓，有種就出來！」

「到哪裡？」

「國中校門旁邊的公園。」

他媽媽氣沖沖的從房間出來：

「半夜二點了，你才回來又要出去！」

他不理他媽媽，就出去了！又轉回家打電話招兵買馬。

十幾通不想再是城市邊緣的朋友，都不願意從睡夢中醒來，只有好不容易想手做好事，又拿不定主意的小喜，答應騎車到樓下接他。

他們騎著摩托車，趕到國中對面的地下道入口，差一點嚇倒。公園裡，拿著

「傢伙」那群人，至少有一打。情況不妙，他們調頭轉到對面的巷子裡，停好摩托車，飛毛腿的跑。隨即打電話報警，請警察把吵鬧、夜不歸宿的一群人抓起來。

條子的車子悄悄的停在黃昏市場附近的停車格子，帶著配備，一身功夫。誰料，一大群一哄而散，一個叫逍遙的和一個女的被追到。

他們被抓的被抓了，暫時逃跑的逃跑了，山貓還兩天不敢回家。

今夜一點多他突然回家，眼睛眨得好厲害，他的媽媽知道情況不妙。果真，有女的聲音也有男的聲音的一群人，跑到山貓家。先是踹門，再拿自己帶來的一大堆鑰匙卡卡卡……的轉鎖。他的媽媽被嚇住了，臉色慘白：

「你們找誰？」

「山貓出來！」

他自己也發抖：用手勢比，請她母親轉告：自己不在家。

「他幾天沒有回家了！」

「出來！」

「欠錢不必還啊？」

他媽媽問：「到底是欠你們多少啊！」

男男女女一起回答：

「多少錢？多著呢！」

開始踹鐵門，鐵門聲音震得快把整個鐵門卸下來。樓下鄰居大喊：

「三更半夜的，擾亂鄰居安寧，我們要報警！」

馬路上傳來警車聲音，那群少年往頂樓衝的往頂樓衝，往電梯逃的往電梯逃，向樓梯跑的向樓梯跑，門外恢復了平靜。

時間很寶貴，不能無所謂，高中生的一學期又快結束了。

今天放學文豪照樣留在操場打籃球，怪怪，山貓竟然跑到操場找他，他要文彬繼續打他的「後衛」，自己跑到大榕樹下，坐下來和山貓隨便聊，話匣子一打開，他才知道阿達吸毒、變態、變瘋子！把家弄得天翻地覆，他媽媽還捨不得送他去警察局。

來學校惹禍的頭幾天，他祖母辦喪事闖大禍，壞事都被他們兄弟幹盡了。

那天一家人哭哭啼啼的，阿達從樓上下來，手上拿把菜刀，走到停放棺材的客廳。每個人被他邪惡、直視的眼光、刺塗得眼花撩亂的臂膀、刺得紅紅紫紫藍藍的身體、邪魔纏身，嚇得魂不附體。

菜刀在樓梯、門板到處亂砍。剎那間，大家像看到槍擊要犯一樣，避出一條路讓他過，看他要變什麼把戲。他把鬼臉扮得更邪，穩健的步伐靠近他奶奶棺材，雙手一用力，他阿嬤的蓋板被掀開了。但是誰也不敢靠近他，只聽到他阿爸大聲罵：

「我叫警察來！」

他阿母哀求的口吻說：

「阿達，你不要這樣，你阿婆現在是神，你會被她責罰！」

他使出鬼魅神情：

「神？我才是神！」

一群幫忙的鄰居上前將他推倒，把棺材板蓋好，不敢「作孝」。幾個人把他抓到樓上，他推開身邊的壯漢說：

「你們下去，留我一個人在這裡，不走的話我拿鐵鍊打你們！」

說畢就拿起狗鍊在眼前做急速的三百六十度旋轉。衆人紛紛驚慌下樓，只聽有一婦人急速下樓說：

「房間幹嘛放那麼多煙火沖天炮……，太危險了！」

不一會兒樓上傳來爆炸的聲音，幾個人衝上樓去，救熄著火的彈簧床，床下爆開一個大洞，阿達還站在旁邊全身抖動的狂笑。

衆人救火未熄，驚嚇未平，他再一次衝下樓來，打開棺材蓋板，將他阿婆身上的金飾用力摘下來，再把架設棺材的架子推倒，使得棺材搖搖欲墜。幾個大男人和他媽媽的臉，急急同時皺眉一次。然後趕快扶起棺材，擺設好架子，把阿嬤的衣服、帽子穿戴整齊。

怪怪！沒讀什麼書，平時只會幫人家唸四句的他阿嬤，竟然身體軟軟的坐起來，有人聽到聲音：

『不要再去問神，假如兩兄弟還要吸毒，就利用這次鬧喪事的理由，作爲犯罪的證據，叫警察一起抓去，再幫我封棺！』

聽說他阿婆的手指竟然流出鮮紅的血。他阿爸淚流滿面，他阿母道：

『眼淚不要滴落媽媽的臉和棺材！』

「……。」山貓消遣道：

「文豪，你得走人路！」

「我才不會像阿達那麼畜牲！」

「我也不會像他那麼『欠』！」

十九、

考完試，山貓來找文豪，經同學告知，他在籃球場。

兩個從球場走往教室，一坐下來，山貓頭低低看他抽屜，右手伸進去摸一個大椪柑出來，左右手大拇指一撥，椪柑一片一片的放進嘴裡。他很渴的樣子：

「這椪柑超甜的。」

「甜你媽的！是老師要做實驗的！」

「等一下我買一個更大的還你。」

「算了，這還不夠大？我看你有病，要去看兩科！」

「走！到外面逛一逛？」

「不可以，馬上要用餐，餐後要回宿舍，七點宿舍門鎖定。」

「溜出去玩一次沒關係，晚上去撞球怎樣？」文豪問：

「哪家？高手？」

「換一家。」

「那我找兩個高二的，從新竹走路來的一塊兒去好了。」

「舍監十一點還來巡察一趟宿舍，等他在小房間睡著，爬晒衣場的水管下去，偷偷摸摸的從圍牆下爬過花籬笆，再爬牆，順順利利也要十一點多，我睏死了！」

「我騎摩托車來圍牆下等你，就這樣說定了！」

「哪來的摩托車？」

「幹來的！」

「危險……危險……。」

「爲了把車錢省起來花，上次小喜借一部給我騎，條子要檢查證件，㚷他媽的，我無照駕駛，被罰一萬多，記一大過。騎贓車免記大過直接走路去坐監牢。我的命當然不要了，衝啊！飛啊！狡啊！……。在人路、馬路上開戰，途經公館一個大坑洞，我人栽種下去，車倒路旁。翻身下地道當時，一部黃色計程車時數一百，從頭頂飛過。條子趕到時，我一路顫抖的，已經從古亭捷運站出口出來，跑回到家裡，呆呆的坐在沙發上，眼皮快眨出黏液來。」

「還敢不敢？帶你去幹一部機車！」
「不敢不敢…。我回宿舍的時間快到了。」
「……。」
住宿舍的學生們，臉盆拿著，洗澡的洗澡，洗衣的洗衣。他背著書包走進寢室，沒注意他們在做什麼，也沒人想「忠告」他一次。
襪子一脫丟在鐵床下，和沙土鐵鋁罐堆放在牆角。一躺下，睡起覺來等晚自習，管他影響到室內空氣，反正晚自習以後，他到處闖門子，哪個床鋪人請假，他就睡哪個床，很少睡自己這間的床上。
同學們洗得乾乾淨淨，沐浴乳還在香氣上，晚自習就開始了。
他也擺一本書在桌上，剛上過廁所回來，人又不見，值班教官以爲他上廁所。教官走到高二自修室，見他在與炳煥聊天，瞪一眼，他拖鞋聲「坯坯趴趴」的離開。
一自修室的學生，爲讀書而快樂，爲用心而滿足，爲理想而安心。
好不容易教官離開了，他才到對面找骨牌，聊了一陣子，教官走過來，再狠狠的瞪一眼：

「你打擾同學了吧！」

他又「踢踢踏踏的」離開。

除了打鼾聲之外，寢室靜悄悄的。

由他當領導者，神不知鬼不覺的走到頂樓，鑽出晒衣場，一個一個從頂樓順著水管、四樓、三樓、往下滑。炳煥跳下時，翻了個觔斗。

值班舍監從屬於他的樓窗向下望了望，再起身巡視。

三個爬出圍牆外時，已經有三個人影在等著。由山貓領隊、小喜、幫地下錢莊討債的小李，三部卸下滅音器的機車，載著三個自由自在的學生往撞球場方向發飆。

子夜十二時餘，舍監查房，覺得奇怪，除了請假回家者之外，怎麼數都少了幾個。

走出二零七房，巧遇文彬走出廁所：

「林文豪呢？」

「報告教官，他很少睡自己的床鋪。」

「他到哪一房睡？」

「不一定。」

「蠢蠢欲動，不安於室？」

雷教官沒有感覺今夜的微風特別清涼，心情和正準備第三次段考的同學一樣，緊張兮兮的，在一樓、二樓、三樓寢室和走廊一趟一趟的走，一次比一次快，一次比一次氣喘。

玩的時間過得太快了，雷教官的這一夜可長了！

他和炳煥、骨牌神不知鬼不覺的越過圍牆，在花牆下和樓上的雷教官玩捉迷藏。

不知哪來的默契，他竟然開啓七點鎖住的鐵門，往花牆下急步走來。炳煥和骨牌隨機反應向後繞半個花圍牆，偷偷摸摸的，從原來爬下去的水管一段一段的爬上寢室，好端端的躺在自己的床上。

文豪在暗暗的操場和教官的手電筒大玩捉迷藏。

數十分鐘之後，教官站在樓下的宿舍門等著，等不到文豪，教官只好走往他們兩個的寢室，把他們抓起來審問。

文豪從宿舍門衝上寢室，安安穩穩的裝睡。

他怒氣沖沖的把裝睡的文豪也叫起來，隔離訊問。四個人一直折騰到天亮，炳煥、骨牌假義氣，只承認自己，文豪就是不承認自己有離開寢室過。

早自習時間，文豪打電話給他媽媽：

「媽媽，妳來幫我載東西回家，我被退學了！」

「你做錯什麼事？媽媽要上班！」

「妳來了就知道！要開會。」

二十、

「林媽媽，人人都有家眷，需要照顧，林文豪狡猾奸詐，應該與世隔絕！」
「怎麼會那麼嚴重，到底爬牆出去做了什麼事？」
「不必說情，行爲不檢、欺騙師長……兩大過退學！還有什麼意見？」
「孩子有進步，請學校給他一條生路！」
「他有沒有優良事蹟？」
導師道：
「開學來辦理資源回收，幫助欣玫同學，得過嘉獎。再給他機會吧！」
「不行，情節重大，照校規處理。」
林媽媽只有當衆飲泣拭淚！
「先照章退宿，退不退學，看他表現，下週三再開一次會議。」
會後，林媽媽在籃球場等他下課，幫忙他清理寢室，一袋一袋剛搬來不久的衣物，被提進停在籃球場的汽車上。

當林媽媽載著兒子，通過教官正指揮的校門時，教官不客氣的吼：

「往右轉，繞一圈！」

林媽媽猶豫了一下，他大罵：

「叫妳右轉，妳沒聽到？」

明明到光復橋是要在校門左轉，爲什麼要林媽媽往右轉？文豪搖下窗子瞪教官一眼。

繞了一大圈，才再通過校門對面。林媽媽擦一擦臉頰，開一開車。

「文豪，你不要這樣瞪教官，要『忍』！」

「唉呀！快被煩死了！哭什麼？快回家！」

「屢勸不聽……都是你錯……。」

他大發雷霆，雙腳抬起來往林媽媽椅背踢過去，大罵：

「幹！」

林媽媽不吭聲！

一週來她載他上下學，進出校門少不了教官的白眼，這白眼，比口水往她臉上吐還令人難受。

別人家，長得標緻的女兒，拿著一本書看呀看的，爸爸或媽媽的車一來，兩個滿面笑容一起關進車子裡，「噗！」一聲拜拜而去；別人家愛好運動的孩子，比他爸爸或媽媽早個五分鐘，坐在老地方的臺階上。黑色或藍色車子來了，兩個「笑容」一起關在車子裡。

天快黑了還接不到文豪，林媽媽往操場方向走，經過教室，先幫他把書裝進書包，抽屜整理好，背著書包往操場走。

他一眼就看見是母親，就快步衝過來，林媽媽滿面笑容的迎接，他卻憤憤不平的罵：

「叫妳在停車處等，爲什麼又來操場！還隨便進入我們班！」

林媽媽背著書包，乖乖的回老地方等，天快黑了，實在等不下去了。教官過來詢問，又聽見馬路越來越塞車，她忐忑不安的再去找他。這時，操場根本沒人在打球。他又不知在哪兒「獀出來」，衝過去大罵：

「給我錢，我自己坐車回家！」

亂成一團的感覺，過了一個星期。

文豪從對面的教室，發現林爸爸生前的朋友李校長，陪著林媽媽進入訓導處：

「我們想見校長！」

「對不起，她今天忙！」

「我們等她。」

「對不起，不方便！」

「我們可否見校長的祕書。」

「對不起，文豪的事已經請示校長過！」

李校長先行離開，林媽媽在會議室衆人前，再丟一次臉，她說的話連她自己都聽不清楚。

最後決定：

「到六月結束，表現良好，則繼續讀，不好則勒令轉學。」

「如何才算表現良好？」

「不犯任何過錯，每天寫一則日記確實反省，學科達升級標準。」

「日記什麼時候交來檢查？」

「隨時通知。」

上學坐的交通車，放學最晚才繞到文豪家附近，林媽媽想讓他早一點到家，放學都來接他，總是接得昏頭轉向！

一週已過，一則日記也沒寫，林媽媽影印了一百多條，寫著：

日期：中華民國八十五年—月—日，星期—

反省事實：

優點：

的紙條，幫他貼在一本日記簿上。每天按時檢查，他答應在先，卻是三天、甚至於一週補一次日記。

文豪躺床上。

「文豪，你進步了，準時寫日記吧！」

「知道，我今天一定寫！」

好不容易下學期結束。

自己不想要收穫，別人如何要求，是不可能有收穫的。學校站在教育的立場，學生有進步就好，一再的給他考古題補考，達到升級標準，而順利的參加插班轉學考試。

二十一、

新華忠厚老實、肯努力、肯吃苦……。欣玫轉學一學期多來，經常和他一起研究功課，寫生，上教堂……，豐富了生活。

這次文豪升高二的插班考試，林媽媽不做表示，只給他參考的意見，例如：上學要換幾趟車不適合，要住宿不適合，校風不好不適合……。除了這幾所學校，只有欣玫就讀的學校，雖然要住宿，但也最適合，他決定轉過去。

林媽媽很高興，就讓他自己去努力吧！結果滿多人報名，三、四個沒上榜，文豪有了自己努力的結果，考得滿前面的，珍惜的聲音、祈禱的祝福未曾歇手。

高二開學不久，文豪跌跌撞撞的，先是晚歸宿，被退宿。下學期還當起帶頭人物，體育課在操場打球，見一群認識的龍舟隊員：

「謂！鬥陣的，下節什麼課！」

小伍：「喔！九官鳥教官的軍訓課啦！」

菇子：「還不閃嗎？」

豆輝：「OK！福利社後面的牆最矮了，LET'S GO！」

一行人快速通過福利社，準備越牆時，互相看一下，唱：

「左看，右看，上看，下看，原來教官都是笨蛋，一跳，二跳，三跳，四跳！蹦蹦蹦蹦……蹦蹦蹦！」

文豪：「看旁邊那個菜市場準度！鄉下來的呀！洞口球不會進！我們來吧！三跟一！」

小伍，菇子，豆輝：「開桌啦！啊！不是沒ㄌ安……ㄐ一凹」

菇子：「喂！豆輝你怎麼一直吊球，我怎麼打？」

豆輝：「笑話，你當作是三塊一塊喔！是三百和一百ㄋㄟ，你哪是當作三塊一塊，乾脆不要打，我出兩百元請大家喝茶！」

小伍：「你攏來看啦！文豪攏沒講話，掂掂甲三碗公啦！」

文豪：「靠吆：不要『打欠』的喔，拼現金！謂，剩七、八、九號，要送嗎！送打八五折啦！」

豆輝：「好啦：你不要再刺激了！菇子要哭啦！」

文豪，小伍：「哈……卒子！」

讓他自己上下學，林媽媽有接不完的曠課通知單，只好早退開著一小時車來接他。

他曠完後面兩節課，在馬路上遇上林媽媽。爲了不讓林媽媽來接，算準林媽媽離開學校校園的時間，打電話到她學校，吩咐接電話的老師：

「妳一定要再三的廣播：『沈秋雁老師有急事！』」

校園內接連三天找不到沈老師。第二天，女校長狠狠的眼神：、

「沈老師，妳最近在忙些什麼！」林媽媽再也不敢趕在他離校之前去接他！

或是莫名其妙，泡沫紅茶店的小姐和一個年輕人，拿著借據到她家，要求還錢。或是黑貓來要求還錢。

林媽媽洗完澡出來，人不見了！原因是地下錢莊沒按時還錢敢揍死人。有一次晚上十點了，阿達假釋出來，還地下錢莊的錢湊不足，文豪找黑貓借錢幫阿達：

或是和什麼叫伯曲的借摩托車，一群人威脅帶恐嚇，說是摩托車搞壞了，被扣

押在警局。或騎車違規，撕毀紅單，被加倍罰一筆一萬六千多元。

在一次的親師懇談後，雖然林媽媽沒有多說什麼，導師了解林媽媽多了一點，站在一日爲師終身爲父的立場，放棄了只差二節，就讓文豪走路的決定。施行許多幫助他的方法：

交發票換嘉獎，利用中午抄書。可是他不在乎，欣玫，新華只好幫他收集一百張一百張的發票。借藥給他，編中午生病看醫生，拿藥給老師檢查的理由。

坎坷的過了高二下，期待暑假的心情還在。

二十二、

一個酷熱快開學的夜裡。

十點以後不接電話的林媽媽，被繼續響的電話吵起來。她懶洋洋的接起電話，扭亮了燈：

「老同學，我有急事，妳可以來一趟嗎？」

「秋婈，什麼事？妳幹嘛哭？妳媽媽身體好嗎？」

「不是！妳來了就知道！」

林媽媽隨即前往秋婈家。

「是怎麼回事？」

好友老同學秋雁、俊男、珍珍、秋圓、美美、俐俐、眞眞、阿雯、阿月……都趕來了，七嘴八舌的聽邱媽媽哭訴著：

「一個暑假來，新華幫忙他阿爸做批發飲料的生意。父母直誇，雖然書不是讀得很好，但是從小到現在未曾亂花過任何一塊錢。」

欣玫家裡開自助餐很忙，經她母親同意，去新華家裡打工。上星期還一面工作一面和他阿母開玩笑的說：

「以後我早一點娶老婆，就可以幫忙接訂貨的電話！」

文豪補考通過，順利升上高三。

剩一星期就開學了，新華被表妹陳小芬邀約，去長青谷看園中低飛的螢火蟲。有陳媽媽在，有媽媽的答應，他約欣玫，文豪，彥龍，文逢，共六個同學一起參加。

當晚男女分睡通鋪，第二天大夥伴前往溪裡抓蝦捕魚，下午上溪岸烤肉、烤魚，直到十點多才回通鋪。

新華第三天就被文豪和欣玫先帶回家，他阿母看他臉色不對：

「新華，你的臉色怎麼這麼白？」

「伯母，新華一個晚上吐個不停，吵到我們整晚不能入睡，我們不能再玩，只好先帶他回家。」

他阿母看情形不對，送新華到醫院，看護士幫新華打點滴，她先回家送貨到商店。

過了兩小時，她和正搬飲料到車上的新華爸爸說：

「老公，你去接兒子回來。」

「好，我把舒跑搬到車上，再去載新華回來，還要再送貨給頂好。」

邱媽媽沒說話，一直打電算機。訂貨的電話一通一通的響，她邊登記邊接電話：

「好，好，我老公回來我叫他送去。」

新華帶著六包藥到家，他阿爸繼續去送貨。他阿母幫他換洗完全被冷汗濕透的衣服，幫他擦乾身體，要他好好休息。繼續把搬動過的飲料，堆放整齊。

除了吃便當的時間之外，忙到夜裡十一點，邱媽媽兩個老的才上樓探視新華，新華說：

「阿爸，我全身痛，尤其腰部最痛。」

他阿爸叫他：

「妳的藥要吃呀！冷氣怎麼不開？」

新華好像很累的樣子說：

「我好冷不要吹冷氣。」

第二天天亮，新華他父母才上樓來看新華。他泛起笑容，輕聲說：

「昨晚是一個不一樣的夜晚，我一個晚上吐不停，還有好多人從後門來，找我修理電扇，可是後門被堆積如山的飲料堵住，門打不開，他們進不來！」

他父母看他手指發黑，他阿爸急忙帶他到神壇問神。到神壇的路很窄，汽車開不進去，走了約兩百公尺才到達。

欣玫過來幫他清掉裝有嘔吐物的塑膠袋，洗馬桶。在牆角的籃子底下發現他來不及趕到廁所，弄髒的褲子。她很難過，也很心疼。昨天他要求欣玫陪著他，她雖然很想，但是擔心媽媽會煩惱，所以沒有答應他。

去問神的病人太多了，新華等到很痛苦的樣子，病人都說：

「新華，你先去見神！」

新華上樓去，神說：

「你沒有什麼病，只是遇到神頭而已！」

乩童幫新華捶背、捉拿、喝符水、拉筋。

病看好了，下樓梯尚未走完，坐倒下去。他阿爸上前扶他：

「新華，怎麼不走了？」

「阿爸，我眼睛看不見了！」

衆人找來救護車送他到醫院急救。

「好好的兒子呀！我看著我兒子死的！我看著他死的，眞的！」

秋雁道：

「秋媄，昨晚十一點妳不是和我通電話，怎麼會這樣？」

「早上十點走的，昨晚十一點多，我是打電話給妳了！」

「是啊！妳問我的孩子乖不乖？我卻沒有問妳的孩子最近好不好！」

「本來我想告訴妳，我兒子吐了一天，剛才我上樓看他，還剛吐過。」

「那爲什麼不說，說的話我會要妳帶他見醫生！」

「唉呀！沒有貴人吧！」

「秋婈，死亡證書怎麼寫？」

「十二指腸出血。」

林媽媽責備的口氣：

「十二指腸出血怎麼會死？怎麼生病不到一對時，人就死了？人家說：全臺灣的醫院醫不好，才求神問卜。妳們那麼乖的兒子，痛到受不了了，快『痛死了』，才告訴妳們他哪裡痛！總是知道賺錢，賺錢……。頭一天載去醫院，醫生，護士怎麼沒有幫他量血壓、驗血球？」

「沒有貴人呀！沒有貴人呀！我也有錯啊！沒顧慮到大小。大兒子十月要到英國唸書啊！一年要二百萬左右！我想多拼一點錢。」邱爸爸怨恨自己。

他阿母近乎歇斯底里：

「好不容易養大的孩子，我罪魁禍首啊！成天只知道賺錢，連中午客人叫貨也送著去，不肯在醫院陪著兒子打點滴，多告訴醫生兒子吐了二夜一日的情形……。」

秋雁只好抱歉慚愧的：

「明天最重要的一件事：醫院門一開，就去問醫生：『為什麼沒有幫我兒子量血壓……？』

雖然芭比絲大雨已經過去，也有秋雁……等老同學，幫她向醫院討回二十萬元，幾個朋友陪邱家父母到中正機場送大兒子飛英國。然而，爲人父母的，第一次感覺到，分別的風兒很冷！

二十三、

大熱天的，欣玫穿得和竹筍一樣多件，還不停的發冷。

文豪坐在電腦前，精心設計了一張卡片，跑到吊娃娃的商店，一口氣吊到七、八個娃娃去探望她。見她步履蹣跚、惹人疼愛的走出客廳，才知道，原來關心別人自己是那麼的溫馨。他自己給自己下個承諾，不管能不能成功，都不會放棄，他會好好的努力，會好好的和她做朋友。

因新華的意外，欣玫完全相信書中的啓示，她勸文豪：上天賜予人的生命是短暫的，其他動物的生命是長的。人來到世上，便大量的蓋房子來住。天氣冷了，羊說：

『主人，我住進妳家好嗎？』

『好的，但你要賜給我生命！』

「所有的動物都同樣開出這樣條件，所以人的生命才越來越長。我們要保重身體，不要再抽煙好嗎？父母要讓孩子不敢抽煙的方法有很多，不知你聽過嗎？林媽媽只是要你自覺，不使用那些方法而已！」

欣玫小時候家境並不是很好，父母靠擺地攤為生，一直沒有能力買屬於自己的房子，後來工商業發達，生活形態多元化，分工合作，他們家開起自助餐店。自從上次意外發生以後，她跟隨家人篤信基督，相信上帝必會眷顧孤苦實幹的人，不多年，她們家擁有自己的自助餐店。高三上、下學期，她給他發票，幫他收集資料、講義的答案。有時應他的要求，陪他到龍蛇雜處的撞球場打球。週六中午把一票同學帶到家裡，請他們吃自助餐，別的同學要付費，文豪不必。她父母見他忠實憨厚，嘴巴滿甜的，也沒多說什麼！

一次到公館教堂的活動後，他們坐在路邊的椅子上，他又再以那串問題來威脅她：

「高一阿達那次有沒有……？」

「妳和新華有沒有，有沒有？到底有沒有？」

「一天幾次？」

「都在哪裡做？」

「在妳家？」

「在他家？」

「妳覺得好不好？」

「感覺怎麼樣？」

「愛他就要答應他嗎？」

「……？」

不回答他，遭到他捏手臂，用煙燒自己，又衝出撞汽車的威脅。文豪把欣玫帶回家裡，林媽媽見他們對話的內容，認爲是必須要解決的問題、是暴力，就加以注意並阻止。

欣玫剛回去，文豪約阿鱗的女朋友可可到公園，可可以文豪有欣玫不答應，文豪再三使盡全部甜言蜜語。因爲阿鱗遠離，可可很寂寞，不想說不，也就匆匆赴約。接連幾個週日又以同樣的理由約她到河堤，她不答應，即以：

「只是散散步，沒有做什麼！」爲理由，可可準時赴約。

欣玫從小立志要做一個盡最大力量，幫助身邊需要幫助的人。雖然和他成爲好朋友以後，不知是什麼滋味。她還是利用每個機會勸他好好走，但是他認爲自己是不會受人擺佈的，就是欣玫設計的「標準框框」裡，也是一樣。

經常陪著文豪到他家裡來，看他在家的生活習慣，自動幫他整理房間。林媽媽看她，吃過飯幫忙洗碗，非常捨不得，見她知書達理，嫻雅文靜的樣子，好喜歡她！

進房間在辛爸爸前面直說：

「現在這時代，這種的女孩子，哪裡找得到喲！」

她決定把她當自己生的女兒一樣疼愛，她要買兩個鑽戒，找個適當的時機送一個給她，另一個留給文苑。

雖然文豪硬要偷偷抽很多煙，她不急，慢慢的勸，可能是心裡有主的關係，總是表現得快樂與滿足。

也因此文豪很矛盾，喜歡她到近乎神魂顚倒；又常常因爲她的過去不能釋懷。

因此一面盯梢欣玫，一面約可可玩；玩回來，一進門即守著電話等欣玫，談心說悄悄話，直到深夜。

誰會料到，畢業前文豪和可可之間的事鬧大了，阿麟知道，欣玫知道，雙方的父母知道。誰說男女朋友之間是容不下一粒細沙子的，欣玫完全相信文豪對他是眞心的。直到欣玫的母親以她身上的揑痕，曉以大義，她才住到她阿姨家。文豪的電話找不到人；電話的這一頭，才再也聽不到欣玫的聲音！

小芬、虹彩、骨牌、炳煥各自原學校畢業上了軍校。小伍、菇子、豆輝甄選上體育系。欣玫勤上教堂，教會裡認識了學校的師長，這些師長關心她，鼓勵她，她以第一名的成績畢業，順利的甄選上大學。

短髮班長，仁傑上了臺東師院，阿基臺東高中畢業，考取消防警察專科學校，準備畢業後回綠島消防隊，與父親一樣，步步爲營，服務鄉民。

高中畢業後第二年，彥龍，文逢上了軍校，服裝整齊，精神抖擻的在槌球場上和辛爸爸相遇：

「辛爸爸，你來淡水後勤中心當裁判還是打球？」

「當裁判運動運動。你讀軍校眞棒！文豪臨陣脫逃，連報名都不肯！」

「辛爸爸，您利用假日，做老年人的愛心工程，眞偉大！林媽媽說：『文豪是眼睛不通過，才不能報考軍校的！』。」

他行個禮離開了！

文彬、阿麟沒有留在原學校畢業，高二下就到澳洲語言學校和藝術學院求學。報紙、肉豬、獵人……高中、五專畢業，提早入伍，放假回來找文豪，像個成熟穩重的大男人，林媽媽見了他們高興的把老酒XO開來，把拿手咖啡烘焙出來，請他們喝。小喜、伯曲一年打半年工，換四到五個老闆。文豪說要補習，林媽媽把錢交下去，未到一學期，曠課達三分之二，被退學當遊民。

二十四、

大學生放暑假了。

「請問林文豪家嗎？」

「是的！什麼事嗎？」

「請問你是他媽媽嗎？」

「我是他姊姊，可以告訴我嗎？」

「他向我們借錢。」

「妳是哪位？借多少？」

「我是他以前的同學，借兩萬。」

「你找他要啊！」

「你怎麼可以這麼說？」

「誰叫妳要借他？我叫我母親來。」

「好心還遭雷打？妳是林媽媽啊！妳兒子借錢妳不必還嗎？」

「小姐，口氣怎麼這樣不好，又不是我借錢！妳爲什麼要借給他？」

「他當時很急，不借給他，他要向地下錢莊借！妳當什麼老師，當什麼媽媽，孩子借錢不幫忙還！」

「妳要看他錢做何用啊！」林媽媽生氣的重掛電話。

相隔不到半個月的晚餐後，電鈴響起，辛爸爸迎門：

「老闆娘妳好！」

「請進，請進！」

「不必，請問沈秋雁老師在嗎？」

「什麼事，請您告訴我。」

「林文豪昨天向我借錢……。」

辛爸爸進臥房，林媽媽輕聲說，告訴她：

「過兩天我們請文苑送去還！」

「老闆娘，我媽媽說：『以後無論弟弟怎麼說，都不要把錢借給他，謝謝！』」

「知道了，謝謝林媽媽！」

大約隔了一星期：

「請問妳是林文豪的媽媽嗎？」

「是的，哪裡找？」

「我是他朋友，他向我們借錢。」

「他借錢妳找他要啊！」

「他媽的！妳不還是嗎？不還告妳們詐欺！」

「你憑什麼告我詐欺？我哪來那麼多的錢？要交房屋貸款！」

「他親自簽的本票在我手上，妳還有錢交房屋貸款，妳敢不還？告訴妳，我是妳老大，不知道我是誰是嗎？沒聽過地下錢莊是嗎？」

換人接電話：

「妳說一聲，妳的兒子還要不要？」

林媽媽楞楞地：

「妳告好了！」

「妳說的？」

「是你們先說要告我的，我犯什麼罪？」

「兩、三萬而已，叫妳還，妳不還，我「ㄍㄚ」到妳沒辦法翻身，永遠還不起，看妳是要還還是不還！」

電話再響起：

「我們現在派人過去！」

「十月一日領到薪水，我和你們聯絡，你們再過來！」

「一言爲定，我們不再幫妳畓利息上去。」

事隔三天，李先生上門來：

「妳不是說要自動和我聯絡？」

「我先還別家的錢。請再給我時間。」

「可以，多久？」

「一個星期。」

「下週我來拿不到錢，就表示林文豪不要了！」

「可以，但是我有一個要求。」

「你說：」

「請你幫我聯絡，讓他錢莊借不到錢。」

「試試看！」

李先生來取錢的第二天中午，林文豪突然回家無法無天的翹腳在象棋桌上大打電話：

「請問可以借一萬元嗎？可以分期還嗎？」

「可以。一星期還一次，一次還七千元，還三星期。你有工作嗎？借錢幹嘛？」

「有啊？我在打工，一個月三萬多。我每次借錢都是買車。」

「買車？買車和父母要就可以了！」

「我不想讓媽媽操心，我賺錢都是自己處理。」

「什麼時候要？」

「等一下，我去哪裡找你？」

「我送到你家啊！」

「不行……不行……不方便！」

「那到仁愛路四段市議會大樓前面好了。」

「那裡我不熟悉。」

「哪裡你熟悉？」

「古亭國小前面可以嗎？」

「可以。」

「幾點到？」

「現在三點半，四點半好了。」

「你穿什麼顏色衣服？」

「藍短褲，黑T恤，髮很長，鬍子、鬢毛大約三公分長。」

「我開箱型車，車號是BH7539。」

「OK，BYE BYE」

掛掉電話，林文豪急急打電話，一次又一次：

「遠傳傳呼……。」

「遠傳傳呼……。」

「遠傳傳呼……。」好不容易，終於打通了：

「喂！伯曲，六點老地方請你吃西餐，吃玩唱卡啦OK，然後牽網子……。」

「六點？我的妞，小喜和他的妞一起去如何？」

「沒問題。」

林媽媽剛好返家，在樓下門外見到像是生病的文豪，未打一聲招呼直往外衝。她急急追過去，偷偷摸摸的躲在水果店。約過了二分鐘，林文豪靠近箱型車，林媽媽有意無意的探個究竟，箱型車立刻往南門市場方向行駛。

林文豪借錢，林媽媽還錢……借錢還錢，……，借一萬還二萬五，借一萬還二萬五……，好不容易十月中了，文豪見同學上大學的上大學，上補習班的上補習班，好好工作的好好工作，晚飯時間：

「媽媽，我想上補習班。」

「好，但是最好不要在臺北，免得狐群狗黨找你玩！」

「好！去舅舅開的補習班。」

「媽媽希望你是最後一次上補習班！」

二十五、

一次返鄉探母的日子，林媽媽看見林爸爸手中捧個小保險盒子，從老遠的海邊回來娘家的樓梯和林媽媽相會：「文豪是大好大壞的孩子，要好好教養。這個保險盒裡有教育的法子。」

「密碼幾號？」

「文豪自己知道。」

林媽媽嚇了一跳，從門外追進去，他背向著她直往樓上跑。林媽媽喊：

「你不是已經癌症藥石罔效？」他轉過頭來：

「我已經投胎轉世，現在十五歲了！在烏布海邊畫油畫，我拿著一疊畫，觀光客蹲在我前面，我擺一張在他旁邊，他點個頭，擺第二張在第一張上面，他也點個頭……，十五張他都中意，每天畫到半夜，還畫不夠！」

「怎麼長得很像林文豪？你了解自己的優點眞好！」

他沒有回答她，爬到更高一點，滿面春風的向後轉。

「我知道你的病醫得好嘛！眞好！幫忙說說文豪可以嗎？」

突然林爸爸不見了，林媽媽追出門外，見他即將消失在門前馬路盡頭，前面還有兩位披麻帶孝的陌生人，她突然目瞪口呆，恍然大悟！

一九九九年元旦，她決定再忙也要回綠島一趟，看看林爸爸捧保險盒出現的位置。

到達時風雨很大，等雨稍微小了，大夥兒在毛毛細雨中，才騎著租來的摩托車，見到世界上僅有兩處之一的「海底溫泉」，摸摸溫溫的泉水。有了夏日再來洗溫泉的憧憬，已覺得心滿意足，衆人紛紛大叫：

「秋雁，風雨好大，下回來綠島，再找他們以前被監禁在哪裡好不好？」。她偏偏說：

「下回是何時，四十年以後嗎？」

「當然每個人的目的不同！有的想知道綠島燈塔長什麼樣，紀念誰，有的想了解綠島的居民生活物資的來源！有的想看孔子的石像。」

秋婈讀大一的女兒道：

「不過像這回，飛機減少一半班次，乘船又吐得胃、腸、肝攪動在一起，胃酸、膽汁……都吐乾了，這一趟來得也眞辛苦！」

同行七嘴八舌的：

「是啊，下次沒有飛機坐的話，打死我也不來！……。」

「部長先生來動土建紀念碑，未鏟平之前，逛一逛綠洲山莊，更有意義吧！」

文苑道：

「姊姊，下次不一定要乘飛機，買不到機票，可乘今天首航的綠島之星，裡面豪華寬敞舒適得像乘澳洲遊艇前行。」

「今天來了，就要把握住，不然白來了！」

秋雁不說出來，誰也不明白她到底爲什麼，一直要回綠島？她想見她瞎了眼的母親，想重新評估生命的意義何在？

風大雨大中，她要求大家同意：冒雨騎回摩托車，買一件三十元的方便雨衣再回頭來。她們每人一件雨衣上身，在現在已經撤走空軍的「牢房」附近，轉來轉去，就是毫無前人的痕跡。有人要求就此作罷，有人堅持繼續找，大家還是停下摩托車，往裡面走，文苑說：

「牢房應該是在高高圍牆那裡頭！」

終於找到昔日失去自由的人，住過的牢房；他們一行人在圍牆裡繞圈子，一間一間進去看，數數看，共十二間。

「這不一樣的房子，每間只有約二百公分見方。」

「只有第一間有蹲式廁所，和一個比臉盆小一半的洗面槽。」

「裡頭沒有門，只有鐵窗。第二間起沒有廁所和水槽，有厚厚整扇式，不見光線的鐵門和粗粗鐵管的鐵窗。」

「每間住五個人，那第二間算起，不是共五十五個人，共用那個廁所和洗面槽？」

「應該是吧！」

「睡到半夜身邊的人突然不見了，還換人被推進來。」

「有進來這裡還好，有的在挖土種菜時，才發現先生、兒子的屍骨抱在一起，化成樹枝一樣細。娘家人從台東來，把她家浴室的門拆掉，她靠著雙手把三個兒子、幾個女兒的身體，天天洗得乾乾靜淨的等爸爸回來。」

「世人一代傳一代都是這樣過的，兒女孝順父母，長大成人，父母提供意見，選個健康的伴侶，結婚生子，孝順父母。」

「沈阿母眼睛雖然瞎了，眼看著辛辛苦苦幫忙帶大的孫子、孫女他們高高興興、懂事的，自己要求到台東讀高中，也就每天歡歡喜喜的過。」

「其實，她老人家孤獨一個人，演一輩子的獨角戲，一生像冬天的海風一樣，冷颼颼的過！」

「還好！等一下她們擁進她家，讓屋子裡的空氣稍微溫暖一下，她可以暫時演一齣主角戲！泡茶給他們喝！切水果給他們吃，摸摸她外孫女的頭髮、臉頰！」

有人感嘆：老天爺先帶走的總是一些好人，用心的人。

在風雨中，來自東南西北方的遊人和秋雁結拜姊妹們在牢房旁，一大遍綠意盎然的白菜園，一丘一丘的菜畦間走過來走過去，希望白菜生長的黃土，向她們告白：許多平凡也偉大的故事，就發生在她們每天走過的馬路上，走過的草地或是每天吃的白菜園附近。

趁大家在泡茶，秋雁道：

「阿母，我到父親海邊墳地去。」

「風好大又下雨要快回來！」

「阿母，我知道！」

她阿母正在聽坐在她兩旁的文苑、年輕人談話的內容。當她要出門，她又轉頭看她坐在沙發上的阿母，她阿母說：

「你是文苑，長得眞好，頭髮卷卷的！」

她手動一動，突然換上另一種表情。

「我昨晚作夢，文豪頭髮也卷卷的，十八、九歲鬢毛從耳際留到快到下巴！我罵他：『鬍子留那麼長。你阿母還沒死，你帶孝啊！』」

秋雁踏出門，想著文豪高中畢業就開始留鬍鬚，實在太長見不得人了，起初用哄的，他不刮，只好一陣子幫忙他剪一次。後來她想這樣也不是辦法，就讓他自己去覺悟吧！

不知不覺，來到她祖祖墓碑前蹲下去，她祖祖從墓碑後面出來，站在後面遠遠的地方。樣子和牆上的畫像一樣，老老實實的，黑大衣穿著和她說：

「秋雁，人不要忘本，綠島又不是外國，怎麼好久沒有回娘家？」

隔壁她阿公也出來，手上拿著一卷古書，蹲在祖祖前面說：

「文豪不聽話，就隨他去，看他自己決定要走哪條路。」

雨過天晴一陣子，秋雁坐在最疼愛她的阿爸石碑前。想抬頭告訴他她阿爸一些話，她阿爸自己出來，坐在她阿公前面，手上還握有剛剛在讀的日本小說：

「阿爸沒有辦法救妳，眞對不起，還是阿爸拿大棍子把文豪打死，然後去自首，反正阿爸已經七老八老了！秋雁，好不好？」

「阿爸，不要，這樣您會被判死刑，我捨不得你，你要活到一百歲，我每年還要來這裡幫您過生日！」

突然，朝陽向她們的臉頰眨眼，她覺得很想摸到它的光芒。

時間、一些事情，像春風吹過一樣，吹完就不見了。完美的，留下潺潺的流水，綠綠的草地，滿園的鮮花，累累的果實；不完美的，除了求其次，傷痕累累，什麼也沒有留下。

他伸手將石雕字擦清楚一點，一輩子最疼愛她的阿爸，又從石碑後面沒說話，卻像他以前把詩寫在客廳的小黑板上，告訴她：

「怎麼那麼瘦，身體要顧好，每天把牛奶當開水喝。」

二十六、

一向完美主義的她，突然變了。以前，特別的宴會才穿的衣服，最近都拿出來穿，穿髒了還送去乾洗。平常節省到近乎「小兒科」的她，把老遠買回來，準備送給欣玫的鑽戒，送一個給她的好朋友。

秋婈打電話來：

「秋雁，不行，我回來打開來看才知道，有保單、那麼貴重的東西，怎麼可以讓妳送？妳的帳號是多少，我把錢匯還妳。」

「我們之間還要談這些嗎？」

「我不管妳這些，我明天去找妳。」

回憶那天，秋雁打扮得亮麗動人的，同學一見到她：

「妳今天眞美！」

「她最近哪一天不美？」

「漂亮衣服不穿，我女兒又不能穿，放著太可惜了！」

她身體不舒服已經很多年，她不想去做個徹底的檢查。

每次的週休二日，她到處去郊遊。

她從古道的「嶺頂」涼亭向山谷眺望，直讚美層層疊疊的山谷之美、蘆葦花之引人；向太平洋眺望，對波瀾壯闊的海岸，讚不絕口。把土地公、土地婆共處一室的帷幔掀開看一看，直呼：

「大家來和土地公、土地婆合照。」

下雨了還要照相？

「美女快來。」

季榕過來，喀喳、喀喳的按。

隔兩天，把一九九九東北角草嶺古道「登高望遠」寫意行的照片一張一張的欣賞，作詩表褙給隨行人。

秋雁讀一讀，感覺最近過得眞是充實、有意義：

玉兔開春，千禧在望，元月初九，眾家族美女俊男，秋雁、秋婈、珍珍、秋圓母子女三人，美美夫婦、阿俊、麗麗母女兩人、俐俐、季榕、阿男、眞眞夫婦、娟娟、阿雯、阿月……，等一行二十五人，相約東北角古道登山健行。是日陰晴不定，或細雨紛飛，或乍雨乍晴。然來者不懼，連我們最擔心的麗麗五歲小女，都通過了考驗，誠然美事一樁。因以記之。

一、

新春結伴破天曉，
山青水綠任逍遙；
貢寮樸素畫古色，
枝頭小鳥唱歌謠。

二、

雄鎮蠻煙虎字碑，
總兵手書志辟邪；

先民拓荒不辭苦，
今人遊旅順梯階。

三、

土地公婆並肩坐，
世人稱羨惟慢撥；
登高一呼仙境行，
冬雨紛紛嶺頂頭。

四、

蘭陽大里天公廟，
光明普照玉皇皦；
山巒遊記惜休憩，
正月初九煙香飄。

在六窟餐廳吃午餐前她又頭痛、想吐起來。依照前幾次她昏迷的經驗，未昏倒前，她趕緊擦萬金油，請同事幫她「刮痧」。大家圍坐圓桌要開飯前，她舒服一點了，莫名其妙，眼眶紅紅的說：

「假如我在退休前就走的話，妳們就要幫我料理後事。」

大圓桌上的朋友，都罵她：

「亂講些什麼！妳健健康康的。」

「妳們不明白，從來沒事的人，一有問題就沒命了！」

「妳補習班的兒子回來沒？」

「補習班停課再去接他。」

二十七、

「媽媽，明天開始放假了，下午來接我回家好嗎？」

「明天年三十，媽媽還要忙到中午，明天才去接你好嗎？」

「不要，我不想多住一晚！」

「好吧！從臺北到彰化大約要開三小時以上，舅舅還在補習班嗎？」

「他回去了，沒關係，我已經把衣物、書本都準備好了。」

「下學期還要補呀！不必帶回來。」

「我不想補習了，自己讀就可以了！」

「媽媽已經交了十二萬元兩學期的補習費，不補是不能退費的！你答應媽媽是最後一次的！」林舅舅電話傳來：

「秋雁，文豪很少來上課；來上課也吵吵鬧鬧，影響認眞的同學。我到宿舍請他來上課，大白天的在睡覺，室友說：『經常到凌晨沒回來睡覺。』我只是合夥人！」

「滿爲難你的，好吧！」

「文豪，那媽媽把你的棉被、枕頭，套上乾淨的套子。媽媽還給你買件新的毛毯摸起來手感好暖和。辛爸爸學校運動會發的運動服、球鞋，媽媽要他領你的尺寸，擺在你房間，回來就可以穿！」

來回中部，到家已經很晚了。次日一早林媽媽剛起來，對講機即響起：

「林媽媽，我是伯曲，我可以上來嗎？」

「可以，門用力一推就開了。」

他們在房裡聊天，二手煙從門縫竄出來。

一年不管過得怎麼樣，年總是要過的。除舊佈新，他把家佈置一下，希望帶來嶄新的一年，就在法式酒櫃前擺假日花市買回來，還盛開的聖誕紅盆栽；小如茶杯的盆栽，配上鮮麗的兩盆蝴蝶蘭、春蘭、卡特麗雅蘭，眞是美麗。

酷愛詩的她，跑進臥房將有感而寫的詩用電腦打字，彩繪揷畫，貼在蘭花盆外：

細雨飄飄醉綠島，
胡佛燈塔十米高；
看盡千帆指中過，
紅酒倒盡愁未消。

泳池清澈沙灘連，
醇香美酒送池邊；
快樂時光君莫忘，
浪花清唱碧雲天。

燈紅酒綠吧女腰，
秋雁不敢門前倒；
大雨一陣突驚醒，
醉鄉依舊開口笑。

貼好了再忙到市場買魚、雞、鴨、鵝……和應景的瓜果，回來做完午餐時，伯曲從房間出來：

「林媽媽我走了！」

「我有準備你的午餐。」

「不用，我和媽媽說要回家吃午餐。」

他們快快樂樂的用完午餐：

「老公，你去休息一下，待會我忙完，我們帶兩個孩子到萬華買毛衣。」

秋雁洗完碗筷，走進臥房時，聞到一股煙味從文豪房間飄來。她直覺的進入他房間，到處看看，什麼異樣也沒有，只見文豪躺在床上抽煙。她把後陽臺兩盆爭豔的蘭花擺好一點，走出臥房。這時電話響起，正在看電視的文苑，朝弟弟臥房喊道：

「弟弟，電話。」

未等文苑說完，文豪將手上的煙頭放在棉被上，門「碰」一聲，和走在房門外的林媽媽擦身而過，接起電話坐在矮矮的椅子上。

「……。」

林媽媽進臥房，見辛爸爸穿戴整齊，曲肱而枕還打起鼾來，她起了一種很滿足的感覺。就坐在他旁邊，拿出抽屜的存款單寫一寫，算一算錢，東摸摸西摸摸。文苑進門來：

「媽媽，我出去一下。」

「到哪兒去呀！等一下媽媽到郵局回來，要到萬華買毛衣。」

「我半小時就回來，媽媽妳一定要等我喲！一定喲！」

「好！要儘快回來！」

文苑走出林媽媽的臥房，聞到一股濃濃的煙味。他往弟弟的臥房看一下，房門關著，沒什麼異常，是樓下餐館的油煙。

林媽媽提著小皮包，一轉身即聞到很濃的煙味，她大叫：

「文豪，你燒什麼？」

辛爸爸被嚇醒：

「快，用這支電話打一一九！」

當她再走兩、三步時，一陣濃煙湧到她頭上，她再大叫：

「文豪你怎麼在屋子裡燒東西？」衝過去門推開一看，半牆上火海一片，熱氣先燒焦她一頭秀髮、一雙眉毛。她關上房門，自轉幾圈，覺得要趕緊關掉電源：

「糟糕！門打不開！」

辛爸爸一扯，電源關掉了。

矮椅子上的文豪：

「可可，等一下，我家出事了！」

電話一掛斷又響，沒人理到底是誰！

文豪衝到浴室，把水點火的龍頭打開，想用噴頭的水救火；噴頭太短，沒關掉的噴頭丟在浴缸裡，人跑到外面打電話給可可。

林媽媽和站在門外準備逃生的辛爸爸說：

「老公，你下去！快呀！再不下去來不及了！」

他一面衝下樓梯一面喊：

「妳也下來呀！快！來不及了！」

林媽媽衝到廚房關天然氣總開關，經過酒櫃時，蹲下去拿出一卷捲筒狀的東西往廚房跑。她哭著自言自語：

「糟透了，手不夠長，搬椅子來不及了！……。」

法式石木酒櫃、矮櫃、林文豪的臥房棉被、毛毯……燃起熊熊之火。

「……。」

辛爸爸、回家買毛衣的文苑、文豪三個在樓下和群衆一起看救火車救火。

人群和消防車漸漸散去，辛爸爸到警察局做筆錄：

文豪先一步衝上樓，文苑也穿著媽媽領給他的新運動鞋，三梯當一梯的衝上樓梯，在六樓遇到二名消防隊員急速下樓，不看他一眼。一到家門：

「弟弟，怎麼會這樣？」

只見家裡剛才火山爆發，火山爆發的岩漿和消防水，留在每一個地方。牆壁斷裂，地磚炸碎，牆垣殘壁，無一可識的物品。

突然，他見他媽媽的房門完好無燬，就急速把門推開，他媽媽沒有在裡面，只見到地上積滿黑色的水漿，水中有一個黑色的，他媽媽常常提去郵局的皮包，其他物品的擺設和剛才一樣。

他要衝到文豪臥房時，竟然見到燒燬倒下來的法式酒櫥、空玻璃瓶、茶杯、玻璃碎片……全部壓在他媽媽的身上，只剩一隻握住捲筒的手，露在外面。

文苑突然呼天喊地：

「媽媽爲什麼要去拿你的畢業證書？你爲什麼不拉媽媽一起下去？你抽煙害死媽媽的！……。」

「我飯後沒抽煙！」

「你不承認，你不是人！你去坐牢，我叫舅舅來打死你！叫你還我媽媽命來！」

「我不是故意的！」

「你是故意的！以後不要叫……我……姊姊！」

「是故意的又怎樣？」

「你去坐牢！」

「我要說『是我媽媽放火燒我房間的！』。」

「你的房間？」

「媽媽死了房子當然是我的！」

門外有人在叫：

「電梯間淹水，抽消防水要一萬元，應該由你們付。」

文豪轉身前去他媽媽的房間：

「好，我向媽媽要。」

隨即忘了媽媽躺在灰燼裡。向平常一樣喊：

「媽媽，樓下的說要一萬元。」

說完轉身即痛哭起來，走進他媽媽臥房，把地上的皮包撿起來，顫抖的數出濕濕的十張大鈔，交給樓下的鄰居。鄰居說：

「抽完水，通風過兩三天，電梯還潮濕不能走的話，就要大修，修好可能要一百多萬元，不能修要重買電梯，錢要由你們負責！」

「叔叔，希望幾天後電梯機器乾了可以開動！」

辛爸爸回來，文豪也被叫到警局做筆錄，做完筆錄回來，警察在臥房四周，圍一條黃繩子：

「明天法官才會來驗屍！」

全棟樓都停電了，除夕夜他們不好意思告訴正在過新年的秋婈、圓圓、眞眞、俐俐……阿姨她們，鄰居連生氣都來不及，沒有送餅乾來給他們當年夜飯。他們躲在比一種不會飛的螢火蟲洞穴更暗的家裡，一桶水一桶水的舀，又把一包一包有水的廢物搬到頂樓。累了，辛爸爸：

「你們來媽媽床上睡一下。」

辛爸爸臉也黑黑的，自己倒在床上。文苑身上，披一件她媽媽的衣服，坐在他媽媽旁邊。文豪跪著，把他媽媽身上的木炭、水泥塊、磁磚塊、餐椅木炭、圓椅鐵架、玻璃碎片……，一塊一塊的撿到桶裡，手指、手掌流出的鮮血滴在黑黑的燒焦物上，流到濕濕的灰燼裡。直到天明了，文苑、文豪看見窗外進來了幾道「黑色的光」。

他們對著光哭了：

「姊姊，我們到媽媽的房間，妳幫我把多餘的頭髮剪短，我自己把鬍子刮掉。妳不必找舅舅打我，免得他觸犯了法律，我知道以後我該走哪一條路！」

文苑痛哭起來，文豪哭訴：

「姊姊，對不起，我們失去父親又害妳失去母親！真的，我不是故意的，我想要母親活起來。妳原諒我好嗎？讓我再叫妳姊姊好嗎？」

後記

稿子寫完，修正了數十遍，還是覺得很不滿意。感謝我最信賴的友人王筱玲老師：

「妳這段不要。」

我考慮以後把它刪去，讀起來就覺得好多了。更感謝黃清棋老師提供部份詩句、吳秀瑩老師，沒有經過妳細心的校訂，我眞的不敢說：

「可以了！」

還有，關愛我的校長、主任以及所有的同事和可愛的學生們，給予我溫馨的環境，我才有靈感。尤其謝謝名作家張放先生爲這本書寫序，以及提拔我的長輩、出版社，您和生養我的偉大父母一樣，沒有您，一切都不要談了！您使我珍惜生活，好好的寫，謝謝！

每天翻開城市事件簿、家庭問題、社會脫序現象、受物質利誘、價值觀念的偏差而引發的種種問題，屢見不鮮，而且犯罪年齡越來越下降。比《愛的旅程》更殘酷的事實、天倫事件，層出不窮。誰能料定，更殘忍的青少年事件，不會發生在我們的周圍，下回受傷的不是我們、我們的親人呢？

並非新世紀的青少年應該守著我們的固有道德，走著前人指著那條路，但是至少應該以傳統倫理，以前人、自己的智慧做爲營養，認眞的生活，才能看到更美好的天空！

校園裡頭常常流行一句話：

「啊！親師懇談時，該來的都沒來，可以不必來的，都來了！」

我也擔心《愛的旅程》該看的都看不到，可以不必看的都看到了！然而關心社會這個工程，是每一個人的責任。除了把所看到的、聽到的、想到的……一筆一筆寫下來，又能做什麼呢？有時候我也想偷懶一下多浪漫啊！可是人人都這樣想的話，妳不做誰來做呢？

但願《愛的旅程》是我和很多朋友每天的「穿衣鏡」。試問自己：鏡中的我是哪位角色呢？

一九九九　最愛的初春